平城·晋阳

山西出土北朝文物精品

深圳博物馆　编

文物出版社

图书在版编目（CIP）数据

平城·晋阳 ：山西出土北朝文物精品 / 深圳博物馆编. -- 北京 ：文物出版社，2024.9
ISBN 978-7-5010-8062-5

Ⅰ. ①平… Ⅱ. ①深… Ⅲ. ①出土文物－山西－北朝时代－图录 Ⅳ. ①K873.25

中国国家版本馆CIP数据核字(2023)第092537号

图录编辑委员会

主　　任：黄　琛

副 主 任：蔡惠尧　杜　鹃　崔孝松

主　　编：郭学雷

副 主 编：黄阳兴

执行主编：喻　珊　刘绎一

编　　委：乔文杰　王文丽

平城·晋阳：山西出土北朝文物精品

编　　者：深圳博物馆
责任编辑：王　伟
责任印制：张道奇

出版发行：文物出版社
社　　址：北京市东城区东直门内北小街 2 号楼
邮　　编：100007
网　　址：http://www.wenwu.com
邮　　箱：wenwv1957@126.com
经　　销：新华书店
印　　刷：雅昌文化（集团）有限公司
开　　本：889mm × 1194mm　1/16
印　　张：17.875
版　　次：2024 年 9 月第 1 版
印　　次：2024 年 9 月第 1 次印刷
书　　号：ISBN 978-7-5010-8062-5
定　　价：436.00 元

“平城·晋阳：山西出土北朝文物精品”

展览委员会

主　　任：叶　扬

副 主 任：郭学雷

项目协调：李维学　黄阳兴

策 展 人：喻　珊　乔文杰

内容设计：喻　珊　乔文杰

形式设计：王文丽　乔文杰

陈列布展：李维学　乔文杰　喻　珊　王文丽　黄诗金　蔡　明
周庭熙　陈珊婉　冯艳平

行政支持：姜　蔚　刘剑波　李文田　肖金华

文物保护：卢燕玲　金　爽　李怀诚　杜　宁　牛　飞

教育推广：刘　琨　梁　政　黄宗晞　李胜男　蔡晓明　饶珊轶　赖聪琳

讲解服务：周　凌　王海彬　邓承璐　孙千惠　李佳欣

图书资料：廖　薇　吕　虹　张嘉瑜

安全保卫：曾少佳　黄诗勋　陈顺明　曹　寅　崔思远

展厅摄影：黄诗金

序

北朝（386 年～ 581 年）是对中国南北朝时期多个北方政权的总称，一般指北魏、东魏、西魏、北齐、北周等五个王朝，广义的北朝也包括隋（581 年～ 618 年）。山西在北朝文明进程中具有极为重要的历史地位。西晋时拓跋鲜卑崛起，此后拓跋珪建立北魏，又迁都平城（今大同），逐鹿中原。自此，平城作为北魏都城 97 年，京畿地区人口盛时达百万，成为当时北方政治、经济、军事、文化的中心和颇具影响力的国际都会。北魏末年，高欢选晋阳（今太原）作为根本基地，苦心经营，聚天下兵甲，建大丞相府，遥控朝政。其后，晋阳作为东魏的“霸府”与北齐的“别都”而步入黄金时代，精英荟萃，文化昌明，繁盛有逾邺都。

北朝时期，丝绸之路上的中外文明交流日益繁荣，社会政治经历了重大变革，多民族融合、多元文化汇聚是该时期文化艺术的显著特征。史学家陈寅恪认为，北魏孝文帝汉化改革之后的北朝政治至北齐发展到鼎盛，成为隋唐制度的重要渊源。山西作为北朝的政治、文化重地，其考古资料之丰富足以系统揭示北魏至隋唐的文明演进过程。

此次展览由深圳博物馆联合山西博物院、山西省考古研究所（现已重组为山西省考古研究院）、大同市博物馆共同举办，展出北朝金银器、响铜器、陶瓷器、墓葬石刻、佛教石刻等多种类型文物共 200 余件（组）。深圳博物馆一直致力于弘扬优秀的传统文化艺术，本次展览不仅是山西地区北朝文物精品的展示，更是对北朝兼收并蓄、包容创新之时代风貌的艺术再现，也是古代丝绸之路上东西方文明对话在今日的回响，将为当下传承优秀传统文化、中外文明的交流互鉴提供有益参照。

深圳博物馆副馆长

目录

第一章

平城风华

鲜卑族拓跋部源出东胡，牧猎于“大鲜卑山”与鄂伦春草原。后拓跋鲜卑离开那古老神秘的嘎仙洞，走出大兴安岭。东汉初开始南迁，进入“匈奴故地”，曾在水草丰美的呼伦湖畔和西拉木伦河边留下足迹，最终落脚并称雄于阴山南北的广袤草原。258年，首领力微在盛乐（今内蒙古和林格尔）召集部落联盟大会，开启了“盛乐时代”。其后，拓跋鲜卑通过与西晋修好，继续南下进入山西。310年，猗卢受封为代公，不久进王爵。338年，什翼犍在繁峙（今浑源西）初建代国，以盛乐为北都，参与群雄逐鹿。386年，拓跋珪复建被前秦所灭的代国，并改号“大魏”，拓跋鲜卑由此出发问鼎中原。398年，拓跋珪定都平城，称皇帝，“营宫室，建宗庙，立社稷”，仿汉制草创封建国家。北魏由盛乐时代进入平城时代。

北魏定都平城共97年，期间统一北方，南北朝隔江对峙，是其统治最辉煌时期，史称“平城时代”。拓跋鲜卑以平城为基地，成就伟业；道武帝雄才大略，奠定封建国家；太武帝气吞万里，达成北方统一；冯太后、孝文帝主持“太和新政”，推动民族大融合，为中华民族多元一体格局的形成树立了重要的里程碑。北魏平城经历六帝七世的开拓和经营，形成郭城周回32里、人口上百万、商旅云集、使者络绎的大都市。南北、东西的英华荟萃于北魏平城，创造出奇迹般的辉煌时代，为古老的中华文明注入了新鲜的血液。

北魏平城

北魏首都平城是在秦汉平城县的基础上扩建而成的，分为宫城、外城、郭城。宫城位于平城北部，宫殿栉比，建筑恢宏。外城坊间开巷，巷通街衢，规划完整，布局严谨。郭城外东设东苑、太庙；西置郊天坛、西苑、武州山石窟寺（今云冈石窟）；北建北苑、鹿野苑；南筑圜丘、明堂等。

北魏建筑雄浑大气，形式多样，装饰精美。屋脊螭吻高耸，屋檐兽面纹、莲花纹、文字纹瓦当垂列，门扉鎏金铜铺首、乳帽错落。门两侧石雕螭首威猛，廊柱下盘龙纹、莲花纹石雕柱础华美。装饰题材既传承了中原传统风格，也吸收了西方佛教文化元素，极具时代特点。

大同操场城北魏一号遗址（由西向东拍摄）位于北魏平城郭城内，主要发现北魏时期的夯土台基一处，方向坐北朝南，台基周边存留踏道及台阶、黄泥墙皮、台基包砖、夯土墙基等遗迹。

北魏　莲花纹椽当

大同建筑工地采集

北魏　人面纹半瓦当

2003 年大同操场城

一号遗址采集

北魏　兽面瓦当

2003 年大同操场城

一号遗址采集

北魏　“富贵万岁”瓦当

2003 年大同操场城

一号建筑遗址出土

北魏　石雕螭首

大同北魏明堂遗址出土

北魏　瑞兽莲花纹地砖

1993 年怀仁丹阳王墓出土

01　莲花纹铺地砖

北魏
长 33 厘米　宽 26 厘米
2009 年大同市御东规划路北魏墓出土
大同市博物馆藏

砖面纹饰为模制阳文，以仰莲居中，周饰莲花瓣纹，长方形外框外环饰缠枝纹。整个纹饰精细，布局匀称巧妙，富于几何之美，反映了当时人们融合多元文化的审美情趣和社会习俗。

02　挡沟

北魏
长 21 厘米　宽 12 厘米
2014 年大同市征集
大同市博物馆藏

挡沟，是主屋脊与瓦片连接的屋脊侧面用的一种配件。一般只有瓦面拱形较大的瓦片才会配套使用挡沟。瓦面较平的瓦如平板瓦、石板瓦等不需要，只需在屋脊上安装防水脊即可。挡沟其实也算是一种特定瓦的配套防水脊瓦。

该挡沟近似半圆形，泥质灰陶，模印兽首，浓眉上扬，瞪目狰狞，口大张，露出一排上齿，圆颊隆起，凶猛威严。

03　陶毡帐

北魏
高 25.5 厘米　长 22.5 厘米　宽 22.5 厘米
2013 年大同市御昌佳园北魏墓葬 M96 出土
大同市博物馆藏

大同地区出土的陶毡帐模型包括穹庐形、方形两种，此件文物属于后者。该毡帐顶部中间开两个天窗，左右两侧各开两个窗户，帐前面中下部开门，门帘卷起，门两侧各有一长方形窗户，左侧窗牖缺失，右侧窗牖半开。天窗上系一条绳索，一头系在天窗上，另一头系在后壁的圆环上，控制天窗的开启和闭合。

毡帐又称“穹庐”“百子帐”“毡屋”等，其使用特点包括内部空间开阔，易于拆卸、搬运及搭建，防雨抗风等，是我国古代北方游牧民族普遍采用的建筑形式。研究显示，北魏平城时代在郊野田园等开阔场地进行的活动如狩猎、祭祀、宴饮、婚礼等，一般设毡帐为屋舍。

大同沙岭七号墓（435 年）是已知最早的北魏壁画墓。墓室南壁画的庖厨场景中绘有 5 顶毡帐，其形制与同时代墓葬的陶毡帐模型类似。

04　双耳铜鍑

北魏

高 19 厘米　口径 12 厘米　底径 10 厘米

大同市御东海力村保障性住房项目北魏墓出土

大同市博物馆藏

铜鍑是早期草原文化中常见的一种炊煮器和祭祀用具。这件器物深腹圆鼓，镂空高圈足，口沿上有对称的两个桥形耳。这一器物的发现，表明北魏平城时期的鲜卑族在逐步汉化的同时，仍保留有本民族的风俗习惯。

05 铁马镫

北魏 太和八年（484 年）
长 17.5 厘米 镫径 13.7 厘米
1965 年大同市城东石家寨司马金龙墓出土
大同市博物馆藏

马镫是一项改变世界历史进程的重要发明，最初为单边设置，很可能最早起源于中国三国魏晋十六国时期。据考古发掘资料显示，公元 4 世纪西晋、十六国墓葬已有确切的单边马镫。公元 5 世纪已普遍流行双马镫。1965 年辽宁北票市北燕冯素弗墓出土的鎏金铜木芯马镫是迄今世界所知最早的双马镫。

甲骑具装是魏晋南北朝时期骑兵发展出的重要作战模式。《宋史·仪卫志》中载：“甲骑，人铠也；具装，马铠也。”据学者研究，马镫的出现或是甲骑具装潮流下的产物，双马镫的发明大大提升了骑兵的稳定性和作战能力，一定程度上也推进了民族融合与中西文明的碰撞交流。

06　鎏金铜带銙

北魏
长 8 厘米　宽 3.5 厘米
2005 年大同市公路局交通苑北魏墓出土
大同市博物馆藏

战国以来流行的系结工具——带钩，到魏晋南北朝时期逐渐被装有活动扣舌的带扣取代。该带銙由方形带和桃形环组成。桃形环的两端为鹰首，环身有一圈联珠纹。带銙底部鎏银，边框和图案鎏金，边框上铆有排列有序的铜钉，内里的图案相同，均为瑞鸟，羽毛飘逸，形象生动。

07　双凤纹鎏金铜饰

北魏
长 10 厘米　宽 8 厘米
2013 年大同市东信家居广场二期 M459 出土
大同市博物馆藏

铜饰通体鎏金，形态扁平，上半部富有装饰性，下半部凿有三个孔洞。主体造型为两只凤鸟或一只双头凤。上部为两只方向相反的凤首，下部有两只翅膀作振翅欲飞状。器表以錾刻法表现细微纹理，沿喙部至翅尖刻细线描边，以小圆圈装饰双凤的眼睛、脖颈和前胸，以排成线段的蓖点纹表现头冠、羽翅等处的肌理。

08　龙头铜杆首（共 4 件）

北魏
每件长约 17 厘米　最宽处 9 厘米
1974 年大同市西郊石头村北魏墓出土
大同市博物馆藏

四件铜杆首大体相同，龙颈弯曲，张口吐舌，长角和下颏胡须卷曲，大眼，三角耳。杆首中部有突起圆箍，其下为喇叭形銎孔，銎口部有对称小孔，用以固定内插的木杆。图中左起第三件铜杆首的銎部带九棱，其余三件皆呈圆锥形。

铜杆首的用途尚有争议，一般认为其是悬挂帷帐用的帐钩，或是系垂旌幢流苏的仪仗长杆的杆头饰件。

09 灰陶平沿长颈壶

北魏
高 20 厘米　口径 10 厘米　底径 7.3 厘米
1988 年大同市南郊北魏墓群 M14 出土
大同市博物馆藏

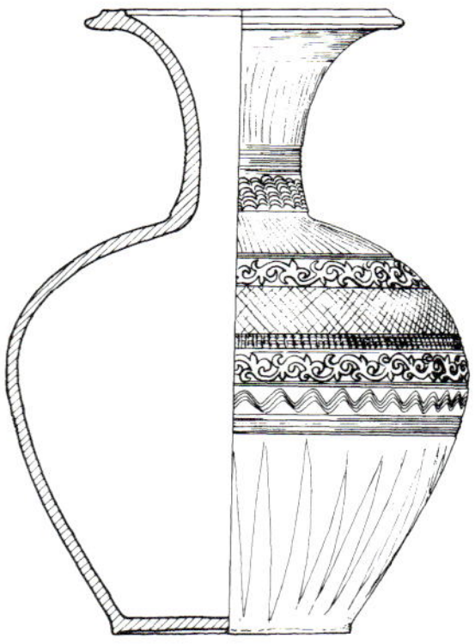

采自《大同南郊北魏墓地》页 139

10　灰陶平沿罐

北魏
高 20 厘米　口径 14.2 厘米　底径 8.3 厘米
1988 年大同市南郊北魏墓群 M14 出土
大同市博物馆藏

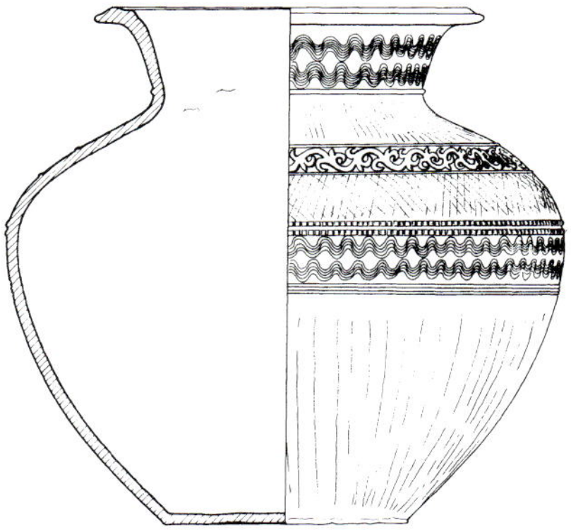

采自《大同南郊北魏墓地》页 140

两件陶器均出土于大同南郊北魏墓群 M14。该墓群是北魏平城的一处平民墓地，保存良好，正式发掘的墓葬共 167 座。M14 的年代约在 5 世纪晚期的北魏太和年间，属于大同南郊墓群中较晚的一组。

长颈壶、平沿罐属于典型的鲜卑风格陶器。图中所示两件器物的最大径在都肩部，下腹斜收，饰以刻划纹、忍冬纹和水波纹，具有鲜明的时代特点。

11　酱釉平沿长颈壶

北魏
高 17.1 厘米　口径 9.1 厘米　底径 5.9 厘米
2001 年大同市七里村北魏墓群出土
大同市博物馆藏

2001 年发掘的七里村墓群共出土釉陶器 11 件，皆为泥质红陶胎，器型与同类型的普通陶器相仿，釉色有酱、褐、绿、黄、黑等多种。

铅釉陶始于西汉，早期多黄釉产品，西汉中期后渐以绿釉陶为主流。魏晋时期的铅釉陶器生产衰落，主要新品种是北方窑场的酱釉小罐。大同地区出土的北魏釉陶器多在 5 世纪中晚期，是铅釉陶工艺复兴的产物，且具有鲜明的鲜卑文化特色。

12　黑釉盘口罐

北魏

高 14.7 厘米　口径 9.2 厘米　底径 5.4 厘米

2001 年大同市七里村北魏墓群出土

大同市博物馆藏

该陶罐通体施黑釉。根据目前黑釉器的发现情况，北方地区生产黑釉瓷的年代约在隋朝，此件器物应属于北方本地的低温黑釉陶制品。

北魏拓跋鲜卑有“毁器”的习俗，“毁器”葬俗集中在金属牌饰、陶器、铜镜和铜鍑等几类器物上，此件器物较为完整。

器盖俯视图

器盖侧视图

器盖底部

圈足底部

13　酱釉带盖陶尊

北魏
通高 32.4 厘米　口径 9.4 厘米　底径 12.4 厘米
2001 年大同市七里村北魏墓群 M6 出土
大同市博物馆藏

此器体量较大，分为器盖和器身两部分。器盖形状似三足奁，表面饰弦纹和水波纹，内穿五孔，有子母口与器身扣合。器身直口外侈，方唇、圆肩、鼓腹、圈足。颈、肩、腹部饰弦纹。肩部堆塑菱形、月牙形和桃形图案，内嵌玻璃，外饰联珠纹。肩部装设一鋬，相对应处有一孔。

器表施黄褐釉，器盖底部和圈足内不施釉。

14　青釉平沿罐

北魏
高 16 厘米　口径 7.8 厘米
腹径 12 厘米　底径 6 厘米
大同市安留庄村出土
山西博物院藏

此罐内外施青釉，釉色光亮，质地较坚硬。肩颈交接处饰有两周弦纹和一周忍冬纹。

覆莲瓣纹酱釉短颈罐

大同市出土

此罐酱釉，颈部堆塑覆莲一周，覆莲纹下方堆塑几何形图案，内嵌玻璃。

黄釉盘口罐

高 11 厘米　口径 11 厘米　底径 9 厘米
2013 年大同市御昌佳园 M108 出土

大同市七里村、御昌家园等北魏墓群出土的釉陶罐或在肩颈交接处堆塑覆莲一周，反映了佛教文化的影响。

北方瓷器

北方瓷器生产始于何时，是中国陶瓷史上的重要问题。《中国陶瓷史》认为：“北方青瓷的生产究竟始于何时，目前还没有充分的材料可以说明。据出土实物考察，推测其始于北魏晚期，可能是合理的。”事实上，北魏墓葬所出青瓷数量有限又都为南方所产，真正意义上北方青瓷的出现，目前仅能落实至北齐晚期。

15　青瓷唾壶

北魏　太和八年（484 年）
高 19.7 厘米　口径 12.8 厘米
底径 14 厘米
1965 年大同市司马金龙墓出土
大同市博物馆藏

唾壶，又称“渣斗”，用于盛装唾吐物，是古时的一种卫生用具，常见于南北朝和隋唐墓葬中。该器型浑厚大气，盘口，长颈，溜肩，扁圆腹，高圈足，施釉到足，胎质细腻坚致，釉色青中泛黄，釉质晶莹润泽。

此唾壶的造型和胎釉特征和 1987 年浙江温州上桥村南朝墓所出唾盂一致，应是南方产品。北方瓷器生产始于何时，是陶瓷史上的重要问题。学界过去推测北朝瓷器的生产上限在北魏中期或晚期，然而目前看来，北朝墓葬所出青瓷数量有限，且多为南方长江中游窑场的产品，应是通过南北互市等途径流入北朝上层社会的。真正意义上的北方青瓷的出现，大约在北齐晚期。

16　青瓷碗

北魏
高 6.8 厘米　口径 14 厘米　底径 6 厘米
2006 年沙岭新村北魏墓 M23 出土
大同市博物馆藏

瓷碗内外壁均施青釉，外壁施釉不及底，碗心有直径 5 厘米的垫圈痕。该墓年代在北魏迁都洛阳以后。该墓墓道中出土“尉孃”铭墓砖。

17　青瓷六系罐

北魏　和平元年（460 年）
高 19.5 厘米　口径 17 厘米
最大腹径 28 厘米　底径 14 厘米
2011 年大同市张智朗石椁墓出土
大同市博物馆藏

罐体施青绿釉，底部露胎，器表施釉不均。肩部有六个桥形纽，肩腹部饰弦纹。

此瓷罐应为南方产品，器身似有点褐彩。该墓中随葬南方瓷器，或许与墓主人夫妇的生活经历相关。据史书记载，张智朗之夫毛德祖五十九岁时才被北魏俘获，此前为东晋、刘宋的重要将领。

18　毛德祖妻张智朗石椁

北魏　和平元年（460 年）

地栿宽 2.59 米　椁壁宽 2.41 米　进深带栿 1.86 米

壁深 1.50 米　中脊（无顶）栿高 1.75 米　墙高 1.66 米

2011 年大同市御河东市公安局工地出土

张智朗墓志（石椁门外右侧壁）

张智朗墓志文

张智朗石椁门外右侧石壁上刻有志文，铭刻高 0.35 米，宽 0.40 米。铭文为楷书，11 行，足行 9 ～ 12 字，凡 114 字。行间有朱砂界格，志文阴刻填朱。其文云：

惟大代和平元年，岁在/庚子七月辛酉朔，乙酉/日。故使持节散骑常侍镇远/将军汝南庄公荥阳郡阳武/县安平乡禅里里毛德祖妻/太原郡榆次县张智朗，年六十/八，遘疾终没。夫刊石立铭，书记/名德，垂之不朽。欲使爵位荣于/当年，美声播于/来叶。若后高/岸为谷，深谷为陵；千载之下，/知有姓字焉。

由铭文可知，墓主人张智朗，卒于北魏和平元年（460 年）。其夫毛德祖，为东晋十六国至南北朝一位驰骋疆场的重要将领。

张智朗石椁

19　张智朗墓葡萄纹石棺床

北魏　和平元年（460 年）
高 25 厘米　长 210 厘米　厚 10 厘米
2011 年大同市张智朗石椁墓出土
大同市博物馆藏

张智朗石椁内设有石棺床，是放置墓主人棺椁的床榻。图中所示为张智朗石榻的前立面，由多件石刻构成，有三足。上部刻缠枝葡萄纹和波浪纹，侧方两足雕刻花瓶花卉纹饰，其上施红彩。整体雕工卓越，装饰华美。

20 忍冬纹石雕棺床

北魏
高 25 厘米　长 223.5 厘米　厚 10 厘米
1999 年大同市京大高速公路北魏墓出土
大同市博物馆藏

细砂岩石质。此为石棺床的前立面，上层横向雕刻缠枝忍冬纹和波浪纹带。下方三床足，两侧足各雕一组忍冬纹，中央足雕一兽面，犄角上扬，双眉粗壮，怒目圆睁，獠牙外翻，凶猛威严。棺床立面两侧嵌两枚铁质圆环，推测为插杆撑幔帐之用。

21 宋绍祖墓房形石椁

北魏 太和元年（477 年）
高 240 厘米　长 348 厘米　宽 338 厘米
2000 年大同市雁北师院 M5 宋绍祖墓出土
大同市博物馆藏

大同市雁北师院 M5 宋绍祖墓，2000 年发掘于大同市，墓中出土精美的仿木结构建筑石椁和大批随葬陶俑。陶俑以牛车为中心，骑兵、步兵、伎乐和侍仆等组成盛大的出行队伍，既继承中原传统，更显示鲜卑特色。

此为宋绍祖墓的葬具，由百余件青石构件拼装而成，外形为木构三开间单檐悬山顶式殿堂建筑，前设檐廊。石椁顶板阴刻题记一行 15 字“太和元年五十人用公三千盐豉卅斛”。外壁浮雕多个铺首衔环，内壁绘有舞蹈、奏乐人物。石椁工艺精湛、保存完好，是研究北魏建筑艺术的珍贵实物。

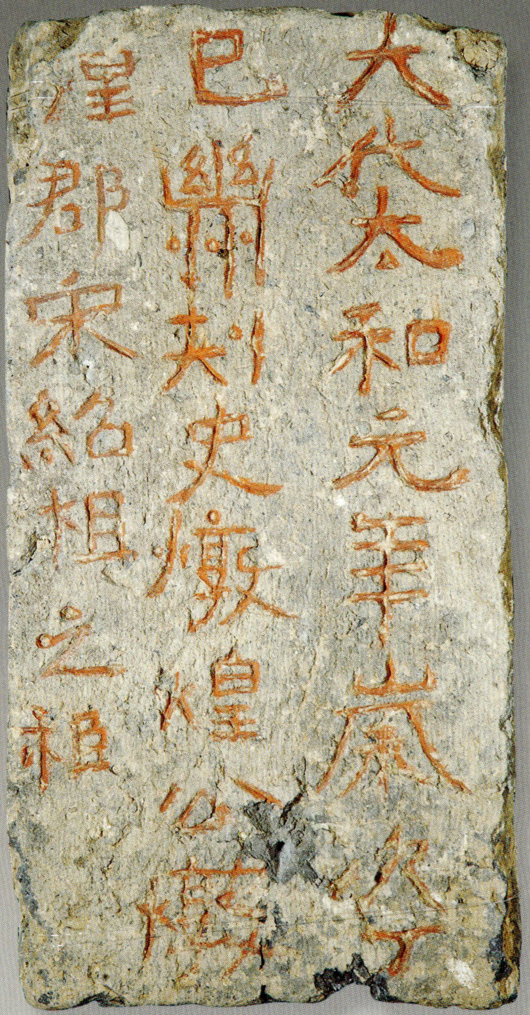

22　宋绍祖墓铭砖

北魏　太和元年（477 年）
长 30 厘米　宽 15 厘米　厚 5 厘米
2000 年大同市雁北师院 M5 宋绍祖墓出土
山西博物院藏

此砖形制与一般墓砖相同，志文阴刻涂朱，共三行二十五字："大代太和元年岁次丁 / 巳幽州刺史敦煌公敦 / 煌郡宋绍祖之柩"。北魏平城时代的墓铭砖、墓志并不常见，此砖志文虽然简短，但弥足珍贵。

宋绍祖其人不见于正史，学界据其墓铭推测，宋绍祖出自敦煌宋氏，或为北魏太武帝时期宋繇的族人，其家族在太武帝平河西后被迁往平城。其官职"幽州刺史"和爵位"敦煌公"或许为死后追赠。

23　彩绘陶马

北魏　太和元年（477 年）
通高 33.8 厘米　长 38.8 厘米　宽 20.6 厘米
2000 年大同市雁北师院 M5 宋绍祖墓出土
大同市博物馆藏

骏马曲颈伫立，马头顶部鬃毛细腻整齐，颈配条带，下系銮铃。马身正中置马鞍，鞍仿皮革制，鞍下马腹两侧配障泥以遮蔽尘土。马全身绘有红色网状纹。

24　骑马奏乐俑（2件）

北魏　太和元年（477年）
通高31厘米
2000年大同市雁北师院M5宋绍祖墓出土
山西博物院藏

骑马俑通体彩绘。骑兵头戴黑色风帽，帽垂裙至肩，上置白色鸡冠形装饰。上身着黑色左衽交领窄袖长襦，领口、袖口、下摆饰有红边；下身穿黑色窄腿裤。两位骑兵均作吹奏乐器状，但所持乐器已佚。左侧人物或在吹奏排箫，右侧人物或在吹奏较大型的胡笳。宋绍祖墓共出土戴鸡冠帽的骑马俑32件，其中30件均为一手握缰绳、一手执兵器的姿态，仅这两件为乐俑。

25　彩绘陶镇墓兽

北魏

通高 31 厘米　长 35 厘米　宽 17.7 厘米

2000 年大同市雁北师院 M2 出土

大同市博物馆藏

该镇墓兽，通体施红黑色条状彩绘，前腿站立，后腿作蹲卧状。圆眼鼓起，鼻孔上翘，作张嘴吼状。造型生动逼真，给人以震慑、威猛之感。

26　彩绘陶舞女俑

北魏
高 22 厘米　最宽处 23 厘米　厚 3.5 厘米
2000 年大同市雁北师院 M2 出土
大同市博物馆藏

该女俑身材修长，头戴帽顶浑圆的垂裙风帽，帽顶有十字形缝线，裙垂至肩，身穿半臂及膝长裙，上施红彩，内着宽袖及地长裙，衣袖为白色，袖口沿施一圈黑彩。左臂抬起，右臂下垂向后作舞蹈状。

27　司马金龙石棺床

北魏　太和八年（484 年）
高 51 厘米　长 241 厘米
宽 133 厘米
1965 年大同市司马金龙墓出土
大同市博物馆藏

十六国及北魏时期的鲜卑族有其独特的葬俗，如殉牲、头骨西向、陶罐分置于头足两处的葬式，陪葬夹砂戳印纹罐、壶的陶器组合，不同类型的陶俑群都身着典型鲜卑服饰等，使用石棺床也是此期的特点。其中最为精美的数司马金龙墓所出石棺床。该棺床的前立面石板呈倒“山”字形，上部饰波状缠枝四叶忍冬纹，波心内雕 13 名形态各异的伎乐童子和珍禽瑞兽。伎乐童子从左至右分别为击细腰鼓、持横笛、打行鼓、回头吹筚篥、双手握埙、怀抱琵琶、手持帛的舞蹈童子以及弹曲颈琵琶、双手执排箫、吹箫、展双手打鸡娄鼓、持钹和喊话指挥的童子。三只床足以联珠纹为边框，框内高浮雕四个力士。

①

②

③

⑤

⑥

司马金龙墓

司马金龙家族原为东晋贵族，其父司马楚之因宫廷争斗而北渡降魏，封琅琊王，其母为北魏河内公主。父死袭爵。该墓出土的大批珍贵历史文物，反映了北魏王朝积极吸收先进的汉文化，任用大批汉人士族地主为官的政策取向。

司马金龙墓表拓片

28　石雕柱础（之一）

北魏　太和八年（484 年）
通高 16.5 厘米　边长 32 厘米　柱孔直径 7 厘米
1965 年大同市司马金龙墓出土
山西博物院藏

司马金龙墓共出土 4 件石雕柱础，分别藏于山西博物院和大同市博物馆。形制和尺寸相近，其中两件的四角各圆雕一伎乐童子，另外两件的四角则没有。此类石柱础可能被用于设置帷帐，一般位于葬具前方的空地上。该墓四件柱础皆出土于墓葬后室，但位置已被扰乱。

这件柱础顶部莲花形，鼓部高浮雕镂空蟠龙与白虎，首尾相接，行于仙山之上，方座四角各有一圆雕伎乐童子作击鼓、吹觱篥、弹琵琶和吹排箫状。方座四周乐伎八人与缠枝花纹相间而饰，形态生动，线条有力。在继承和发展中国雕刻技法的同时，大量吸收佛教文化和西域文化的营养，糅合调和，推陈出新，堪称杰作。

29　石雕柱础（之二）

北魏　太和八年（484 年）
通高 17 厘米　边长 32 厘米
1965 年大同市司马金龙墓出土
大同市博物馆藏

细砂岩石质。覆盆形带方形座，以柱孔为中心内周依次浅浮雕陶索纹、联珠纹、双莲瓣纹；外围雕双重瓣莲花纹，腹部青龙与白虎相逐于山峦之上；方形底座四面浅浮雕环状缠枝忍冬纹和波状忍冬纹，内雕伎乐童子。底座四周各雕一伎乐童子，上身袒露，下着犊鼻裤，披帛绕臂，作胡跪状，持鼓、筚篥、琵琶等乐器，雕刻生动。

30　石雕柱础（之三）

北魏　太和八年（484 年）
通高 16 厘米　边长 32 厘米
1965 年大同市司马金龙墓出土
大同市博物馆藏

柱础上圆下方，圆形覆盆雕刻精美，群山之间青龙与白虎首尾相随穿行，盛开的莲花中雕出立柱插孔。方座四周刻缠枝忍冬纹。构思精巧，玲珑脱俗。

31　漆屏风画

北魏　太和八年（484年）

1965年大同市司马金龙墓出土

①

②

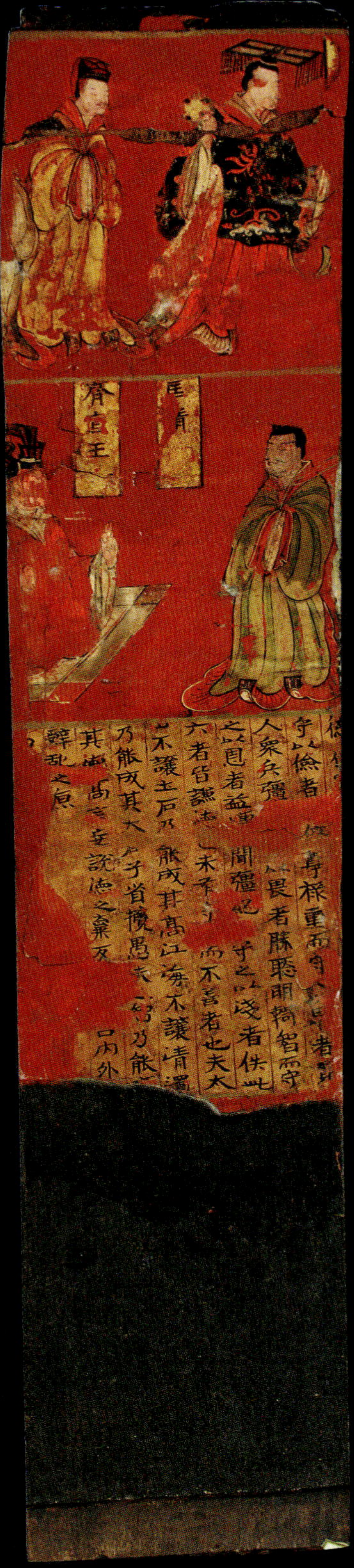

③

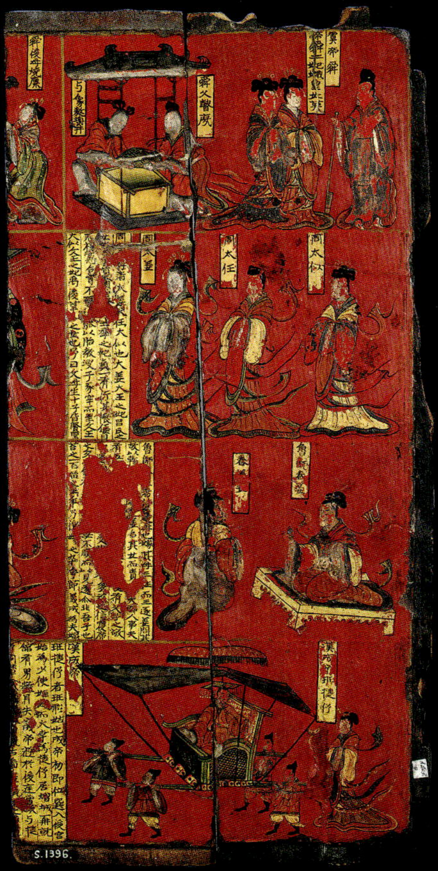

④

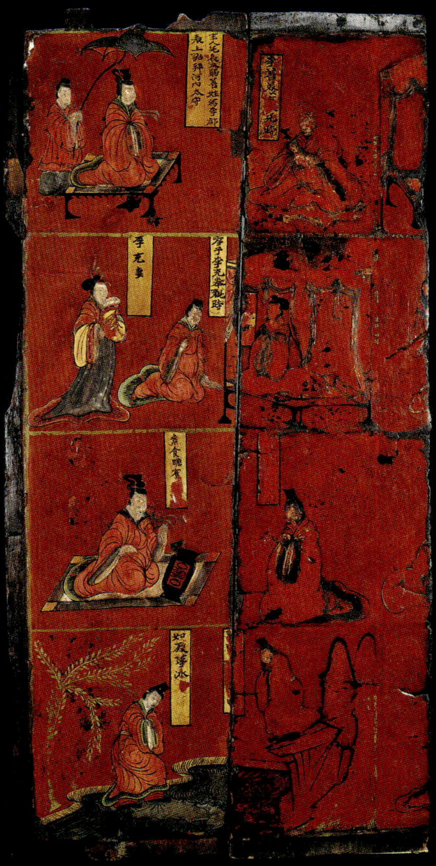

⑤

该文物于1965年冬在大同市石家寨村北魏司马金龙墓出土，共发现五块木质漆画板，是一座漆屏风的主体部分。这些漆画板的前后两面皆有图画，图侧刊写榜题。其上朱漆髹地，线描勾勒人物，墨书榜题。画面内容延续汉代以来帝王将相、烈女、孝子等传统故事，如帝舜、周太姜、卫灵公、齐宣王、晋文公、孙叔敖、汉成帝与班婕妤，以及孝子李充、卫灵公夫人、蔡人妻等。屏风的工艺制作采用榫卯连接，继承战国、汉代的漆画传统技法，设色富丽、边框装饰精巧。人物描绘运用铁线描法，兼施浓淡色彩渲染，形象生动逼真，并有纵深的空间感和立体感。构图上重在突出主题，中心人物大于陪衬人物。画风古朴，富有装饰性。漆屏风画的出土，弥补了北魏前期绘画实物的空缺，画法上与传为东晋顾恺之的《女史箴图》酷似，此外漆画上的题榜，较典型的反映出汉隶向唐楷演变的魏书发展面貌，字体气势疏朗，是不可多得的北魏墨书真迹。

局部①

局部①

局部②

局部②

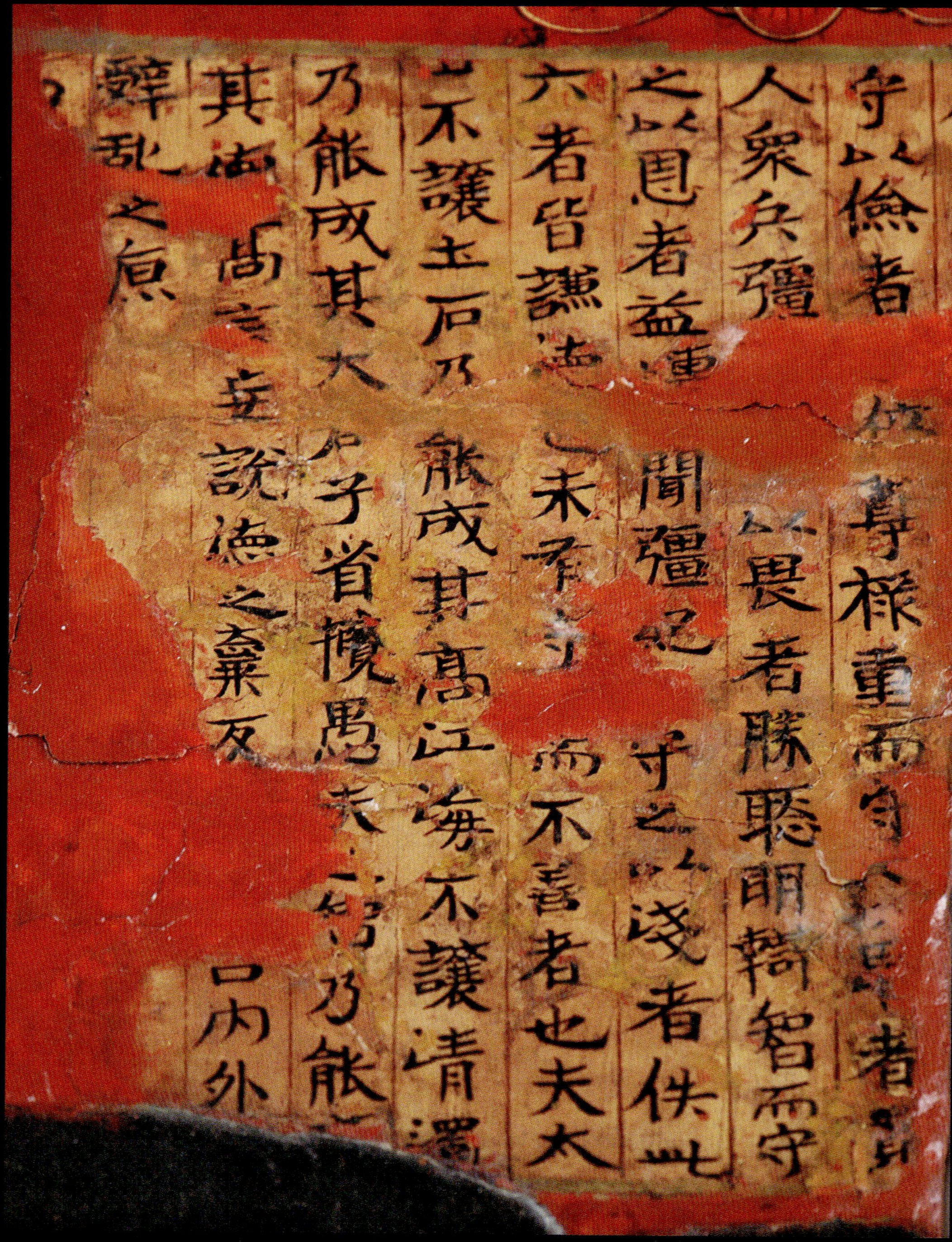

局部③

局部③

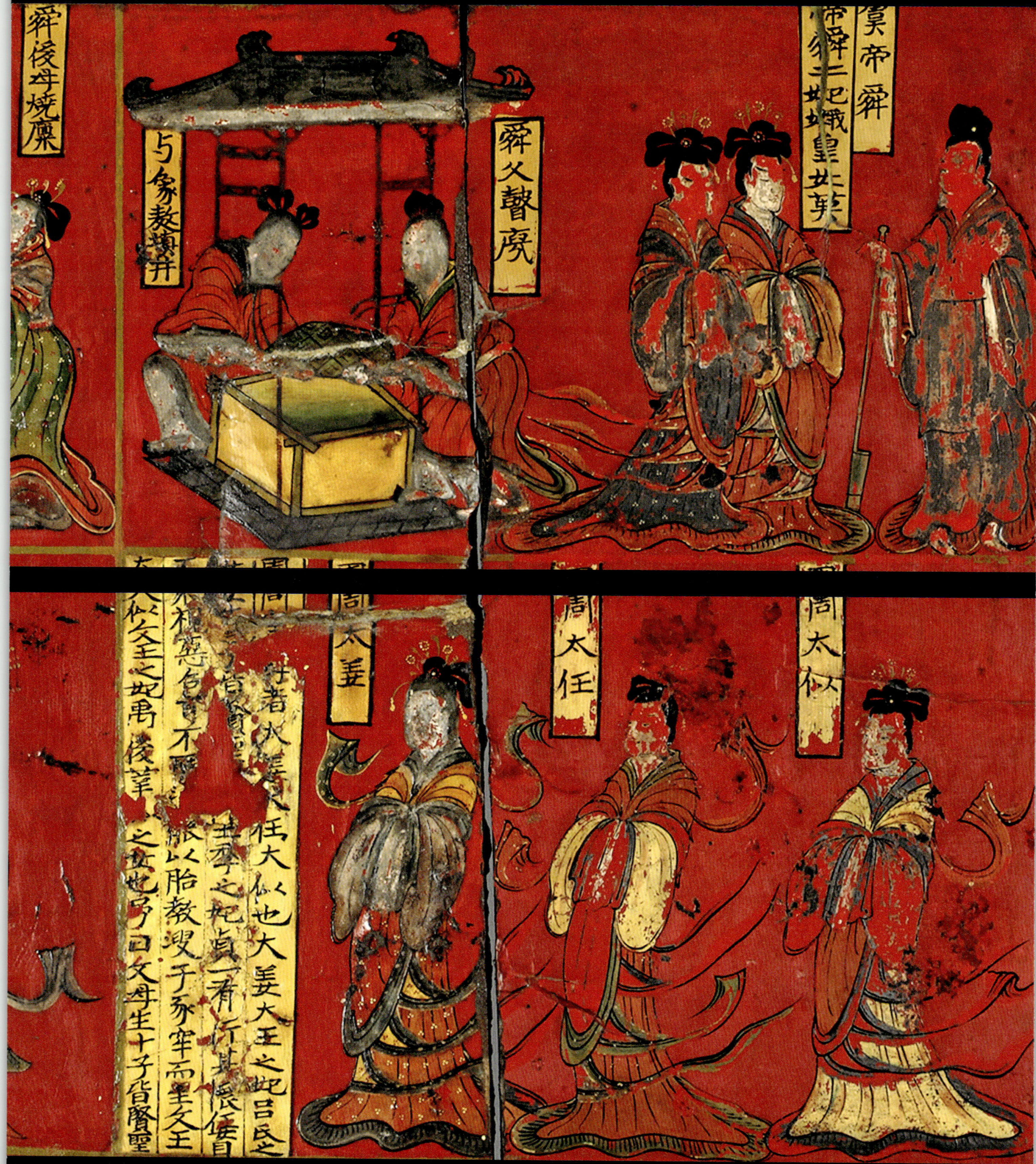

局部④

局部④

局部⑤

局部⑤

32　褐釉彩绘人面镇墓兽

北魏　太和八年（484 年）
通高 34 厘米　底座长 30 厘米
1965 年大同市司马金龙墓出土
大同市博物馆藏

人面兽身，蹲坐于长方形底座上。俯首低头，人面丰腴，粗眉弯曲，双目圆睁、鼻梁直挺，面部涂有粉彩，嘴唇红艳，双耳后抿，头上有髻状断角，从头至尾有等距离五个安插鬃毛长孔。前足为马蹄，后为犬腿。身上遍涂白色鱼鳞片纹。

33　釉陶风帽仪卫俑

北魏　太和八年（484 年）
酱釉俑：通高 23 厘米　宽 9 厘米　底径 9 厘米
黑釉俑：通高 23 厘米　宽 8.5 厘米　底径 9 厘米
1965 年大同市司马金龙墓出土
大同市博物馆藏

两件陶俑均通体施釉。人物拱手站立，头戴圆顶风帽，垂裙及肩，脸两侧垂裙外翻，身披小立领直襟长袍，两袖空垂，衣长至踝。脸部施釉后又涂粉彩，红线勾脸廓及眼眶，宽眉，八字须，红唇。双手拱握于胸前，中间有圆孔，持物已失。

34　釉陶武士俑（4件）

北魏　太和八年（484年）
高21厘米　宽6厘米　厚7厘米　底径6.5厘米
1965年大同市司马金龙墓出土
大同市博物馆藏

四件武士俑皆通体施低温釉，釉色可分为酱色、褐绿色、绿底白条三种。面部施釉后又涂粉彩。尺寸、装束和姿态基本一致。头戴兜鍪，上身内着及膝长褶，下着裤，上衣外罩铠甲，肩有披膊。铠甲身由长方形甲片编缀而成，甲身底边施红彩宽缘一圈。左前臂平举、右前臂上举，两手皆作持物状。

35　釉陶甲骑具装俑（2件）

北魏　太和八年（484年）
左：通高30厘米　通长31厘米　宽8.5厘米
右：通高28厘米　通长29厘米　宽8.5厘米
1965年大同市司马金龙墓出土
大同市博物馆藏

甲骑具装即武士与战马均着铠甲的重骑兵。两件陶俑均通体施褐绿色釉，上绘白色条纹，马铠甲边缘一圈施红彩。骑兵头戴兜鍪，全身披铠，左手握缰，右手平举执物，昂首挺胸，目视前方。战马头戴面帘，全身披铠，铠甲装饰纹与武士一致。

36　釉陶鸡冠帽骑马俑（2件）

北魏　太和八年（484年）
酱釉俑：通高30厘米　长28厘米　底长17厘米　底宽8.5厘米
绿釉俑：通高29厘米　长29厘米　底长15.5厘米　底宽9厘米
1965年大同市司马金龙墓出土
大同市博物馆藏

两件骑马俑通体施釉，装束和姿态基本一致。武士头戴垂裙帽，上置鸡冠形装饰。俑身着交领窄袖襦袴，下着裤，足蹬靴。右臂抬起，右手呈半握状，左手放于马侧。马身低矮，四腿短粗。

这种武士俑为轻骑兵，人、马皆不披铠，多置于队伍的前部和后部，应属仪卫俑。

37　陶伎乐胡人俑（一组 7 件）

北魏
通高 24-26 厘米　宽 10-13 厘米　厚 4 厘米
2013 年大同市御昌佳园 M113 出土
大同市博物馆藏

这是一组站姿的男性胡人伎乐俑，面容、身型和装束特征一致，均深目高鼻、卷发及颈、头顶束高发髻（最右一人除外），身材壮硕，衣着交领窄身紧袖长袍，足蹬皮靴。

七人的表演内容各不相同，左起依次为：第一人身姿左倾，屈肘张臂，所执物已佚；第二人双手握排箫于唇边，作吹奏状；第三人亦作吹奏状，所执乐器已佚，或为筚篥；中间一人昂首叉腰，右手于额顶作持竿状，应为表演顶幢的杂技俑；第五人作拍击腰鼓状；第六人横抱琵琶作弹奏状；第七人作吹奏横笛状，乐器已佚。

38 陶伎乐女俑（一组 5 件）

北魏
通高 19 厘米　宽 9 厘米
2013 年大同市御昌佳园 M113 出土
大同市博物馆藏

跽坐姿态的伎乐女俑一组 5 件，均面带微笑，头戴十字长裙风帽，身着交领窄袖长襦。

左起第一人似作吹奏横笛状，乐器已佚；左起第二人斜抱一乐器作弹奏状；中间一人双手置于身前，乐器已佚；第四人腿间置一圆鼓，作敲击状；最右一人似斜抱乐器弹奏，乐器已佚。

39　陶女舞俑（2件）

北魏
通高 25 厘米　最宽 21 厘米　厚 6 厘米
2013 年大同市御昌佳园北魏 M113 出土
大同市博物馆藏

该陶俑为灰陶质地，女俑右臂抬起，左臂下垂略向后，头戴风帽，身着长袖褶裙，舞姿曼妙。这种长裙是当时妇女的主要服装。

40　釉陶执盆俑

北魏

通高 16 厘米　宽 13 厘米　厚 3.5 厘米

大同市御昌佳园沙岭工地 M79 出土

大同市博物馆藏

该俑施褐色釉，身着左衽交领窄袖长襦，右膝跪地，左手抱一大盆。劳作俑多表现为女俑，除执盆俑以外，还常见踏碓、执箕、磨米、烧火等类型。

41　釉陶仓

北魏

高 23 厘米　底径 14 厘米

2013 年大同市东信家居广场 M211 出土

大同市博物馆藏

陶仓通体施褐釉，仓体呈圆柱状、尖顶，上部开一正方形小窗。

此器模仿现实中的粮仓造型，是专门用于随葬的模型明器。随葬模型明器的风潮始于汉代，反映了“事死如事生”的丧葬观念。常见器物类型包括仓、井、灶、碓、磨、圈厕等。

42　陶井

北魏
通高 24.5 厘米　底径 12.3 厘米
2013 年大同市东信家居广场二期工地 M439 出土
大同市博物馆藏

陶井为泥质灰陶，圆井筒，宽平沿，口沿有齿状装饰，沿上两边有井栏。此类陶井模型多配有打水的吊桶，此件吊桶已佚。

43　陶灶

北魏
高 14.9 厘米　长 21 厘米　宽 12 厘米
2013 年大同市东信家居广场二期工地 M439 出土
大同市博物馆藏

此为圆头灶，平面近马蹄形。前端有一长筒斜直烟囱联通火膛，后端开一灶门，其上有山字形挡火墙。灶面有一圆形火眼，其上叠放陶釜两个。

44　陶碓

北魏
通高 19.8 厘米　长 34.2 厘米　宽 5 厘米
2013 年大同市东信家居广场二期工地 M439 出土
大同市博物馆藏

此陶碓前有圜底碓窝，窝内有杵，杵的上部有杵杆，杵杆两侧有两个对称的圆轴孔，安装有两个并列的碓架。

碓为稻谷脱壳工具，大约发明于西汉，使用时踏碓人用足踏下杠杆将碓举起来，利用重力作用为稻谷脱壳。碓用于初步的脱壳、粉碎，磨用于精细加工。

45　陶磨

北魏
通高 6.1 厘米　磨盘直径 7.8 厘米
底径 13.1 厘米
2013 年大同市东信家居广场二期工地 M439 出土
大同市博物馆藏

此器仿石磨形制，呈圆盘状，分为磨盘和底座两部分，磨盘表面制作出凹槽、横梁、侧边漏孔等细节。

46 彩绘石雕镇墓兽（一组 2 件）

北魏
人面镇墓兽：高 33 厘米　底边长 57 厘米　宽 23 厘米
兽面镇墓兽：高 34 厘米　底边长 60 厘米　宽 26 厘米
大同市博物馆藏

两只镇墓兽面部均施红彩、黑彩，表情狰狞。人面镇墓兽面孔朝前，怒目圆瞪，大鼻头，口微张，露上齿；眉毛卷曲，兽耳竖立，下颏有毛。兽面镇墓兽抬头上望，凸睛竖眉，獠牙外露；脸部右半有残缺。两只镇墓兽均呈蹲踞姿态，尾梢呈三瓣忍冬叶式，绕过后腿贴伏于后背；背部原有脊刺状鬃毛若干束，现仅剩插鬃毛的孔洞。

兽面镇墓兽可追溯至东汉时期，至北魏平城时代才开始以人面镇墓兽和兽面镇墓兽成对随葬，一般置于墓门或甬道两侧，以守备墓葬的入口。此类人面怪兽的形象究竟源于鲜卑旧俗、华夏传统还是异域文化，尚待进一步考证。这一时期的镇墓兽多采用陶俑或壁画形式，石俑较为少见。

47　石雕瑞兽灯

北魏
高 27 厘米　长 13 厘米　宽 12 厘米
2010 年大同市御昌佳园北魏墓群出土
大同市博物馆藏

石质砂岩。半圆形灯盏，圆柱形灯柱，四只虎形神兽身形颀长，两两相对蹲立于方形石座上，四爪紧抱灯柱，头伸向灯盏。底座雕壶门，上饰龙纹，雕凿生动传神。

48 莲花龙纹石灯

北魏

高 36 厘米　口径 17 厘米　底边长 17 厘米

大同市博物馆藏

该石灯由底座、灯柱和灯盘组成，灯盘装饰有三层，最上层为绦索纹，中间为龙纹，最下层为仰莲纹。灯柱为六棱柱体，底端为一圆盘形柱础，上层为覆莲纹，下层为龙虎之类的神兽纹。方形底座似案台，四侧饰忍冬纹，足部刻神兽纹。

第二章

霸府晋阳

晋阳（今太原）位于山西中部，东阻太行、常山，西有蒙山，南有霍太山、高壁岭，北扼东陉、西陉关，军事地位极为重要。北魏后期，晋阳逐渐成为北方最重要的城市，不仅是中原北大门，而且是控制北方的战略要地。尔朱荣、高欢都曾依靠掌握并州精骑和晋阳而控制朝廷、争夺天下。高欢挟持北魏皇室迁都河北邺城建立东魏，又"以晋阳四塞，乃建大丞相府而定居焉"。高欢坐镇晋阳，遥控邺城。"军国政务，皆归相府。"高欢之后，其子高澄、高洋相继称帝，继承父业，自550年高洋建立北齐，虽建都邺城，但政治中心仍在晋阳，政令由晋阳出，开创了北齐王城"邺—晋阳"两都制。

晋阳城在高欢祖孙数代人的经营下，大兴土木，建设宫殿和城池，很快成为北朝晚期北方地区政治、经济、文化的中心。除此之外，北齐时还修筑了大量佛寺，开凿石窟，著名的蒙山大佛、童子寺大佛、天龙山部分石窟都是此期的作品。北齐时期，太原号称"金城汤池，天府之国"，豪华雄伟可知。北齐达官贵人身后葬于太原的很多，迄今发现的有二十多处。这其中王侯级的墓葬有武安王徐显秀墓、东安王娄睿墓、武功王韩祖念墓、安定王贺拔昌墓、顺阳王厍狄迴洛墓、都督将军狄湛墓、大将军贺娄悦墓、大将军斛律彻墓等等。这一系列情况都清楚说明晋阳城在北朝拥有显赫地位，是东魏霸府、北齐别都，其政治、经济、文化地位均超过都城邺城。

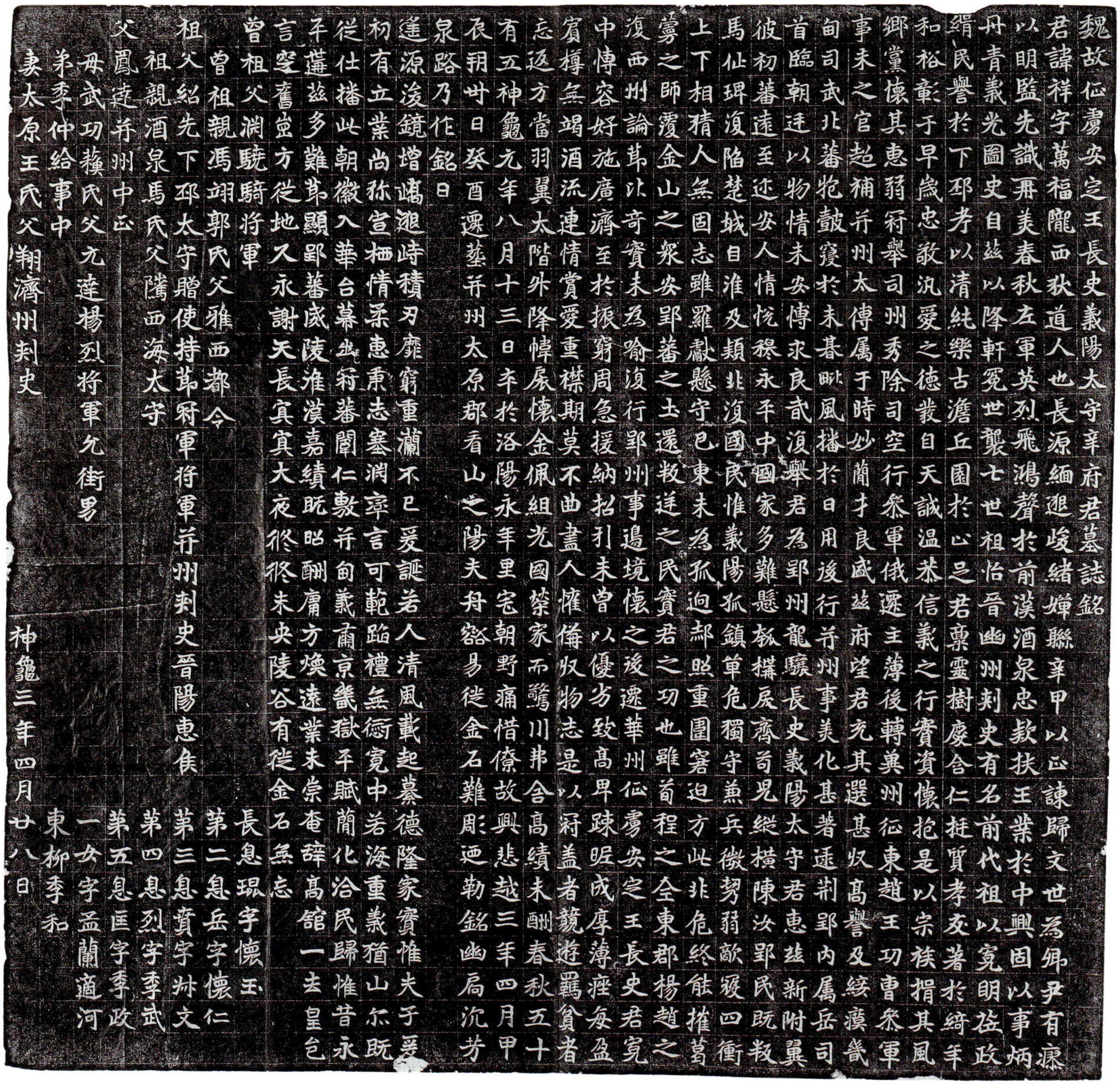

49　辛祥墓志

北魏　神龟三年（520年）

高72厘米　宽75厘米

1975年太原市辛祥夫妇墓出土

山西博物院藏

圆笔魏楷之佳作。结体严谨端庄，运笔精妙多姿，劲柔兼美。上书931字。

辛祥为陇西狄道人，北魏神龟元年（518年）卒于洛阳，神龟三年（520年）迁葬晋阳。

魏故征虏安定王长史义阳太守辛府君墓志铭

君讳祥，字万福，陇西狄道人也。长源缅邈，峻绪婵联，辛甲以正谏归文，世为卿尹；有、廖/以明监先识，再美春秋；左军英烈，飞鸿声于前汉；酒泉忠款，扶王业于中兴，固以事炳/丹青，义光图史。自兹以降，轩冕世袭。七世祖怡，晋幽州刺史，有名前代；祖以宽明莅政，/缉民誉于下邳；考以清纯乐古，澹丘园于止足。君禀灵树庆，含仁挺质，孝友著于绮年，/和裕彰于早岁。忠敬泛爱之德，发自天诚，温恭信义之行，实资怀抱，是以宗族揖其风，/乡党怀其惠。弱冠，举司州秀，除司空行参军，俄迁主簿。后转冀州、征东、赵王功曹参军/事，未之官，超补并州、太傅属。于时，妙简才良，盛兹府望，君充其选，甚收高誉。及绥瘼畿/甸，司武北蕃，枪鼓寝于未春，毗风播于日用。后行并州事，美化甚著。逮荆、郢内属，岳、司/首临，朝廷以物情未安，博求良戠，复举君为郢州龙骧长史、义阳太守。君惠兹新附，冀/彼初蕃，远至迩安，人情悦穆。永平中，国家多难，悬瓠构戾，齐苟儿纵横陈、汝；郢民既叛，/马仙琕复陷楚城。自淮及颍，非复国民，惟义阳孤镇，单危独守，兼兵微势弱，敌寇四冲，/上下相猜，人无固志。虽罗献悬守巴东，未为孤迥；郝照重围窘迫，方此非危。终能摧葛/蔓之师，覆金山之众，安郢蕃之土，还叛逆之民，实君之功也。虽荀、程之全东郡，杨、赵之/复西州，论节比奇，实未为喻。复行郢州事，边境怀之。后迁华州、征虏、安定王长史。君宽/中博容，好施广济，至于振穷周急，援纳招引，未曾以优劣致高卑，疏昵成厚薄，座每盈/宾，樽无竭酒，流连情赏，爱重襟期，莫不曲尽人欢，备收物志，是以冠盖者竞游，羁贫者/忘返。方当羽翼太阶，升降帏扆，怀金佩组，光国荣家。而惊川弗舍，高绩未酬，春秋五十/有五，神龟元年八月十三日，卒于洛阳永年里宅。朝野痛惜，僚故兴悲，越三年四月甲/辰朔卅日癸酉，迁葬并州太原郡看山之阳。夫舟壑易徙，金石难彫，乃勒铭幽扃，沉芳/泉路。乃作铭曰：

遥源浚镜，增峤邈峙，积刃靡穷，重澜不已。爰诞若人，清风载起，纂德隆家，实惟夫子。爰/初有立，业尚称宣，栖情柔惠，秉志塞渊，率言可范，蹈礼无愆，宽中若海，重义犹山。尔既/从仕，播此朝徽，入华台幕，出冠蕃闱，仁敷并甸，义肃京畿，狱平赋简，化洽民归。惟昔永/平，遘兹多难，节显郢蕃，威陵淮汉，嘉绩既昭，酬庸方焕，远业未崇，奄辞高馆。一去皇邑，/言窆旧岗，方从地久，永谢天长，冥冥大夜，攸攸未央，陵谷有徙，金石无忘。

曾祖父渊，骁骑将军；/曾祖亲冯翊郭氏，父雅，西都令。/祖父绍先，下邳太守、赠使持节、冠军将军、并州刺史、晋阳惠侯；/祖亲酒泉马氏，父騭，西海太守。/父凤达，并州中正；/母武功苏氏，父元达，扬烈将军、允街男。/弟季仲，给事中；/妻太原王氏，父翔，济州刺史。/长息琨，字怀玉。/第二息岳，字怀仁。/第三息贲，字叔文。/第四息烈，字季武。/第五息匡，字季政。/一女字孟兰，适河东柳季和。

神龟三年四月廿八日

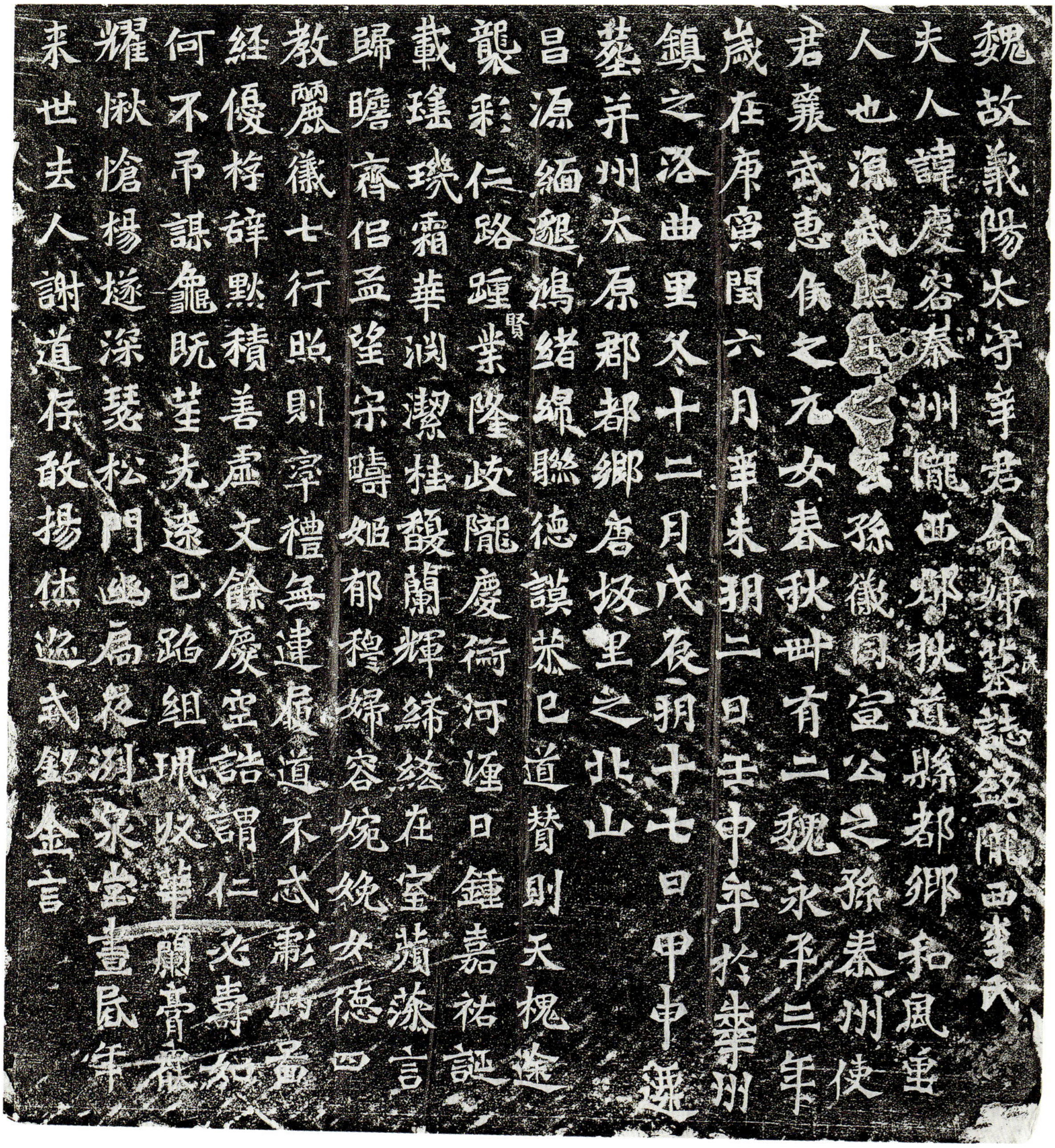

50　辛祥夫人墓志

北魏　永平三年（510 年）
高 59.5 厘米　宽 51 厘米
1975 年太原市辛祥夫妇墓出土
山西博物院藏

魏楷。结体古朴，笔法刚劲，拙中藏秀，楷糅隶意，乃方笔魏楷之佼佼者。共 280 字。

辛祥夫人李庆容为陇西狄道人，北魏永平三年（510 年）卒于华州镇（今陕西大荔），其年迁葬并州太原郡。

魏故义阳太守辛君命妇墓志铭陇西李氏

夫人讳庆容，秦州陇西郡狄道县都乡和风里／人也。武照王之玄孙，仪同、宣公之孙，秦州使／君、襄武惠侯之元女。春秋卅有二，魏永平三年／岁在庚寅闰六月辛未朔二日壬申，卒于华州／镇之洛曲里，冬十二月戊辰朔十七日甲申，迁／葬并州太原郡都乡唐坂里之北山。

昌源缅邈，鸿绪绵联；德谟恭己，道赞则天；槐途／袭彩，仁路踵贤；业隆岐陇，庆衍河瀍。日锺嘉祐，诞／载瑶玑，霜华渊洁，桂馥兰辉；絺綌在室，苹藻言／归；瞻齐侣孟，望宋畴姬。郁穆妇容，婉娩女德；四／教丽仪，七行照则；率礼无违，履道不忒；彪炳图／经，优斿辞默。积善虚文，余庆空诰；谓仁必寿，如／何不吊？谋龟既筮，先远已蹈，组珮收华，兰膏／罢耀。愀怆杨隧，深瑟松门；幽扃夜冽，泉堂昼昏；年／来世去，人谢道存；敢扬休迹，式铭金言。

51　青瓷托盏

北魏　神龟三年（520 年）
通高 6.7 厘米　盏口径 9.1 厘米　托盘口径 15.3 厘米
1975 年太原市辛祥墓出土
山西博物院藏

此为南方青瓷茶器，由茶盏和托盘组成，有研究认为其是湖南湘阴岳州窑产品。茶盏薄唇，直沿，腹下壁呈圆弧形，内收，弧形底，实足。通体施黄绿釉，下腹釉不及足，有流釉。有冰裂纹，色泽晶莹，质白而粗。

52 青釉陶盏

北齐 武平元年(570年)
高7厘米 口径11.1厘米 底径4厘米
1980年太原市娄睿墓出土
山西博物院藏

该盏是北方本地产品，造型受南方青瓷器的影响。薄唇，直沿，腹下壁呈圆弧形，内收，弧形底，实足。通体施黄绿釉，下腹釉不及足，有流釉。有冰裂纹，色泽晶莹，质白而粗。

铅釉陶

铅釉陶是一种以铅化合物作为基本助溶剂，大约在 700 摄氏度烧成的低温釉陶。铅不仅可以降低釉的熔点，还可以增加釉面亮度。中国的铅釉陶始烧于战国时期，汉代是铅釉陶稍早的第一个高峰。北朝是铅釉陶发展历程中的重要一环，铅釉陶的烧造在北魏后期复兴，到东魏北齐时期有了进一步发展，奠定了其在中国陶瓷史上的地位，此后形成与高温釉分庭抗礼的局面。北朝铅釉陶产品主要分布于河南、河北、山东、山西等地，器形主要包括各式壶、罐、瓶、盒、灯和莲花尊等。北齐时期大量生产瓷土作胎的低温铅釉陶，常被误认为北方青瓷。

53　莲瓣纹青釉陶托杯

北齐　武平元年（570 年）

通高 12.7 厘米　杯径 8.2 厘米　盘径 13.5 厘米

1980 年太原市娄睿墓出土

山西博物院藏

仿同时代铜器造型的酒具，由酒杯和托盘组成，富有北朝特色。杯身腹部阴刻莲瓣纹两层，柄上有弦纹三道。托盘浅腹，高圈足。这组器物火候较高，质地坚硬。通体施黄绿釉，釉厚，有细小冰裂纹。

54 青釉盘

北齐　武平元年（570 年）
直径 42 厘米　高 6.8 厘米
1980 年太原市娄睿墓出土
山西博物院藏

娄睿墓出土大小釉陶盘共 10 件，此件属于大盘。盘圆唇微敛，曲腹，平底。腹、底之间起一凸棱。器内底部有两道同心弦纹，外底有两周凹纹。胎质纯白，略粗。通体施青釉泛黄，釉厚，有冰裂纹。

据相关出土资料可知此类器物为酒器托盘，如北齐高润墓（576 年）出土一套盘器，托盘为灰陶质，其上置五件铅釉质酒杯。

55 青釉胡人戏狮扁壶

北齐

高 27.5 厘米　口径 5.7 厘米　底径 17 厘米

1956 年太原市玉门沟出土

山西博物院藏

此器是已知北朝陶瓷扁壶中最为精美的一件，器型源自草原民族使用的皮革质扁壶，装饰手法借鉴了域外金银器捶揲工艺的效果。扁壶口部、足部的截面皆呈椭圆形，侧面模印联珠纹和覆莲瓣。壶腹正背面模印图案相同，正中站立一胡人，左手持物似骨朵，身前两侧蹲坐两只狮子，狮子扭首向前。壶壁两侧模印象首，长鼻两侧各一训象人，象鼻末端渐变为联珠纹，构成画面边框的下缘。

北朝时期的釉陶扁壶以胡人乐舞图案最为流行，反映了中外文化的交流和西域胡人入华并于内地聚居的历史，为探讨东西方民族之间的商贸往来和经济文化交流提供了重要资料。

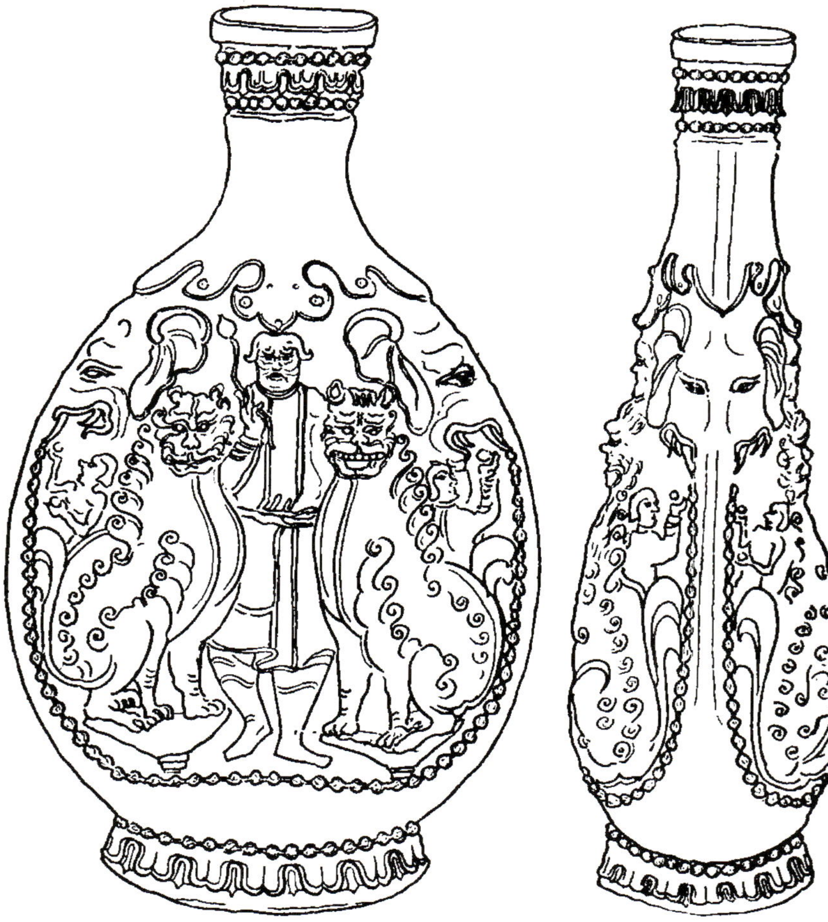

56 黄绿釉龙柄鸡首壶

北齐 天统三年（567 年）
通高 44.5 厘米 底径 8.8 厘米
1984 年寿阳县厍狄业墓出土
山西博物院藏

盘口微敞，细高颈，圆肩，鼓腹，束足平底。腹上部饰凹弦纹一道，颈部及把手有冰裂纹，肩部有鸡首及四个方形系，系中饰忍冬花，与鸡首相对有龙柄，龙嘴衔壶口，龙颈接腹上部。釉呈黄绿色。此壶以瓷土作胎，器表施低温铅釉陶，属于北齐时期大量生产的瓷胎釉陶器，过去常被误认为北方青瓷。

青釉鸡首壶流行于魏晋隋唐时期，大体造型由矮胖渐趋高瘦。其生产始于南方六朝的东吴，至东晋已广为流行。鸡首壶在北方最早见于北魏墓葬，然而都是南方青瓷，至北齐才出现北方本地产品。北朝鸡首壶属于受南朝影响的典型产品，但是与南方青瓷风格不同，器型普遍更为高大、修长，装饰较为夸张，龙柄和鸡首形象生动，壶身上腹多有凸起的覆莲瓣或繁复的贴塑装饰，胎釉特点亦与南方有别。

57　青釉龙柄鸡首壶

北齐　武平元年（570 年）
高 48.2 厘米
1980 年太原市娄睿墓出土
山西博物院藏

盘口，圆唇微敞，细长颈，平折肩，鼓腹，下腹部内收成小平底，肩的前部有一个实心的鸡首，后部为并列两根细高螭颈柄，螭口衔壶口沿，螭颈顶部有鬣。肩两侧各有一对花瓣状三角形圆孔系。壶高颈，上面饰有四道弦纹。螭柄，鸡首间有莲瓣形二组，鸡首及系纽下贴塑莲瓣、忍冬、宝珠与仰月等。腹部起棱，并用划纹将瓜腹上部分为段，颇显立体感。棱下贴四只凤鸟。下腹部内收，平底。通体黄绿釉，釉色较厚。

58　黄绿釉龙柄鸡首壶

北齐　武平二年（571 年）
高 49.6 厘米　口径 12 厘米　底径 12.7 厘米
2002 年太原市徐显秀墓出土
山西博物院 藏

盘口微敞，细高颈，鼓腹，平底。肩前部有一鸡首，后部为细高柄龙首，龙口衔壶口沿，肩两侧各有两个扁方形圆孔系，系内侧有花纹，腹部刻有 8 片花瓣。通体施黄绿釉，有冰裂纹。

59　黄釉莲花尊

北齐　河清元年（562 年）
通高 39.7 厘米
1973 年寿阳县厍狄迴洛墓出土
山西博物院藏

侈口，粗短颈，溜肩，曲腹，平底。盖作僧帽形，锯齿状直边，宝珠形圆钮。盖外沿贴塑四个圆形图案，腹部一凸弦纹将纹饰分成上下两部分，上部分纹饰两层，一层为莲瓣与圆形图饰相间排列，一层宝相花与圆形图饰相间排列。下部饰莲瓣纹两周，瓣尖向外微卷。颈和近底部饰半圆花边纹饰。黄白胎体，胎质较细。器表为黄绿色釉，施釉均匀，釉面光亮，有细小的开片。

南北朝墓葬的青釉莲花尊往往长颈高足，以多层仰覆莲瓣为饰。此尊器型与常见莲花尊不同，且遍体贴花，极为独特。

60 黄釉陶盒

北齐 河清元年（562 年）
通高 3.7 厘米 口径 7.5 厘米
1973 年寿阳县厍狄迴洛墓出土
山西博物院藏

扁圆，盖略大于盒。盖缘有凹棱一周，盖面有凸弦纹一周，弦纹周围有三个支钉痕。施黄釉，胎较厚，有冰裂纹。

此类扣盒为仿同时代铜器造型的制品，功能或为粉盒。

61　黄绿釉陶灯

北齐　天统三年（567 年）
高 37.5 厘米　口径 17 厘米　底径 17 厘米
1984 年寿阳县厍狄业墓出土
山西博物院藏

胎质颗粒较粗，质地疏松，施黄绿釉，釉彩不均匀。由灯盏、灯柄、灯座三部分组成，覆莲座，宝相莲瓣，座底沿周饰一圈联珠纹。灯柄上部饰仰忍冬纹，中部饰联珠纹，下部饰下覆忍冬纹。灯盏口外侈，盏底饰仰莲，腹饰莲花八朵。

62　黄绿釉陶灯

北齐　武平元年（570 年）
高 45.5 厘米　盏径 17 厘米
底径 19.5 厘米
1980 年太原市娄睿墓出土
山西博物院藏

分为底座、长柄和灯盏三部分。底座装饰莲花纹和联珠纹；柄部下部饰忍冬纹、上部饰仰莲纹；灯盏外壁装饰仰莲纹、忍冬纹、联珠纹，以及宝珠和月牙组成的图案等。

联珠纹来源于波斯萨珊王朝（226 ～ 650 年），宝珠和月牙图案是祆教的重要标志，忍冬纹和莲花纹则常见于佛教装饰。娄睿墓共出土 4 件长柄釉陶灯，皆贴塑大量域外元素花纹，见证了北朝中外文化的交流和融合。

63　彩绘胡人老叟舞俑

北齐　河清元年（562 年）
高 25 厘米
1973 年寿阳县厍狄迴洛墓出土
山西博物院藏

北齐陶俑杰作。深目高鼻的胡人老叟，头戴赭红色船形胡帽，身穿赭红色左衽胡袖紧身长衫。白袴，船头形鞋。笑容满面，张臂屈膝作舞蹈状。双手握拳，原本或持物。

此形象与邓县南朝画像砖墓乐舞画像砖舞蹈老叟、磁县东魏茹茹公主墓出土高帽胡俑形象类似。学界或以此为“胡公舞”造型。

64 彩绘武士俑

北齐 河清三年（564年）
高27.5厘米 宽7.8厘米 厚7厘米
2000年太原市狄湛墓出土
山西博物院藏

戴黑色三棱风帽，帽子左右两角用一绳带在颌下系结，内穿窄袖红衣，外罩短襦，袒露右肩，将衣袖缠于腰际。

墓主人狄湛，为狄孝绪祖父，唐代、武周时著名政治家狄仁杰的高祖。

65 彩绘武士俑

北齐 河清三年（564 年）
高 28 厘米 宽 8 厘米 厚 6.5 厘米
2000 年太原市狄湛墓出土
山西博物院藏

头戴双棱帽，颈围护带，红色短襦，腰系带，白裤，圆头鞋，斜背长盾。

66 彩绘武士俑

北齐 河清三年（564 年）
高 28.5 厘米 宽 8.5 厘米 厚 7 厘米
2000 年太原市狄湛墓出土
山西博物院藏

头戴圆顶盔，脖围护带，内着枣红色短襦，外披黄麾，腰系黑带，白裤，圆头鞋。

67　彩绘武士俑

北齐　天统三年（567 年）
高 26.5 厘米　宽 7 厘米　厚 7 厘米
1984 年寿阳县厍狄业墓出土
山西博物院藏

头戴红色三棱风帽，发缘中分，面容似胡人。身着红色明光铠，长袍及膝。白裤黑靴，左手持盾，右手上曲作持武器状。

68　彩绘甲骑具装俑（2件）

北齐　天统三年（567年）
通高30厘米　长26厘米　宽9厘米
1973年祁县韩裔墓出土
山西博物院藏

武士昂首挺胸，头戴兜鍪，脸部丰满，大眼高鼻梁，目视前方。身穿甲胄，肩有披肩，穿马袴和马靴。双手放于身体前侧。

马穿戴护盖，马首戴笼头，颌下系球形缨。底施土黄色彩，外涂白彩。

69　彩绘女官俑

北齐　天统三年（567 年）
高 26.8 厘米
1973 年祁县韩裔墓出土
山西博物院藏

梳扁平发髻，戴笼冠，面容恬静。穿宽袖合襟服，长裙。左手提裙，右手握拳下垂。

70 贴金彩绘镇墓武士俑

北齐 武平元年（570 年）
高 64.4 厘米
1980 年太原市娄睿墓出土
山西博物院藏

镇墓武士俑的体型通常较一般俑类高大，面容威武，身姿雄健，多成对随葬于墓室门道的两侧，用于守卫墓室安宁。此俑体型高大，彩绘贴金装饰，造型生动，制作精良。头戴长裙金盔，身穿鱼鳞明光铠、长袴，脚着黑靴。左手按虎头长盾，右手作握武器状，武器已朽。

71 彩绘甲衣武士俑

北齐 武平元年（570 年）
高 27 厘米 宽 8.5 厘米 厚 6.5 厘米
1980 年太原市娄睿墓出土
山西博物院藏

白色广额丰颐长圆脸，头戴圆顶护颈黑盔，上身着大红环形铁甲，两肩披黑革护膊革甲。白色衣袖，黑皮带束虎皮纹镶枣红边革裙。后腰左右皆佩短兵器。

72　彩绘甲骑具装俑

北齐　武平元年（570 年）
通高 33 厘米
1980 年太原市娄睿墓出土
山西博物院藏

头戴黑兜鍪，身穿红色圆领内衣，黑革镶红边护肩革甲，前胸后背穿虎皮纹裲裆，足蹬黑革靴。红坐骑，马全身披红革甲。

73 彩绘骑马击鼓俑

北齐　武平元年（570 年）
高 30.6 厘米　长 25.5 厘米　宽 11.6 厘米
1980 年太原市娄睿墓出土
山西博物院藏

头戴朱红披缘帽，翻耳扇长裙，身穿左衽圆领深灰色细袖内衣，外披缺左臂衣袖的短襦，下摆长不过膝盖。下身穿深灰色细口裤，足蹬镶白边乌靴，右肩用斜带挂红黑二色的大小两鼓，马头饰红色笼头，背披红边灰鞍。

74　彩绘骑马吹奏俑

北齐　武平元年（570 年）
通高 30 厘米　马高 24 厘米　长 25 厘米
1980 年太原市娄睿墓出土
山西博物院藏

头戴朱红色卷耳扇长裙披缘风帽，身穿杏黄左衽圆领短袖短襦，红色圆领细袖内衣，下身穿细口裤，足穿镶红边黑色靴。左手弯曲至脸前，作握乐器吹奏状，乐器已佚。骑枣红色骏马，红笼头，黑红鞍，络头齐全，鞍鞯俱备。马背上扑右障泥。前红色攀胸，后红色鞧，把鞍鞯牢牢勒紧。

75　右手扛旗羽葆俑

北齐　武平元年（570 年）

通高 30.5 厘米　马高 24.3 厘米　长 24 厘米

1980 年太原市娄睿墓出土

山西博物院藏

戴朱红翻耳扇披缘风帽，白色圆领细袖内衣，外穿红色左衽高圆领短袖襦，腰束黑带，土黄色细口裤。足穿镶白边乌靴。左手垂于身前，右手上举作扛旗姿态，或为仪仗。

76　彩绘骑马文吏俑

北齐　武平元年（570 年）
通高 32.4 厘米
1980 年太原市娄睿墓出土
山西博物院藏

戴方形小冠子。身穿白色细袖圆领内衣，外加朱红色裲裆，腰间束红色革带，白色裤褶，黑色靴。骑枣红色马，红色笼头，络头齐全，灰色鞍鞯俱备。颈系白色桃形红缨饰，背上面铺有障泥，马臀部有鞧。

77　彩绘侍女俑

北齐　武平元年（570 年）
通高 18 厘米
1980 年太原市娄睿墓出土
山西博物院藏

头梳半圆双螺髻，身穿浅红色圆领内衣，外套左衽宽袖杏红色短襦，腰束黑带，白色宽裤管长裤，膝盖处系带勒紧，黑靴。

78 彩绘骑马击鼓俑

北齐　武平二年（571 年）
通高 30.5 厘米　马高 26 厘米　长 24 厘米
2002 年太原市徐显秀墓出土
山西博物院藏

戴圆顶风帽，帽顶两侧折出两角，着白色窄袖襦，白裤，黑尖头靴。腰左侧挂一扁圆鼓。骑枣红色马。

79　陶卧羊

北齐　武平元年（570 年）
高 10.5 厘米　长 15 厘米　宽 7 厘米
1980 年太原市娄睿墓出土
山西博物院藏

合模制，绵羊，作跪伏状。

80　陶卧狗

北齐　武平元年（570 年）
高 11 厘米　长 13.8 厘米　宽 6.2 厘米
1980 年太原市娄睿墓出土
山西博物院藏

昂首，作匍匐状，前脚曲肢，后肢蹲坐，两眼虎视眈眈注视前方，长尾侧绕于左腹旁。

81 陶鸡

北齐　武平元年（570年）
高8.5厘米　长11.2厘米　宽4.2厘米
1980年太原市娄睿墓出土
山西博物院藏

公鸡，红色，红冠，黑嘴，黑尾。

82 陶猪

北齐　武平元年（570年）
高7厘米　长17厘米　宽8.5厘米
1999年太原市贺拔昌墓出土
山西博物院藏

模压而成，呈浮雕薄片状，黑色，作卧状。

83　莲花纹瓦当

北齐　武平元年（570 年）
直径 13.6 厘米　厚 1.6 厘米
1980 年太原市娄睿墓出土
山西博物院藏

黑灰色，模压而成，边轮较宽，表面为莲瓣纹，质地坚硬。

84　彩绘画像砖

北齐
长 38 厘米　宽 18 厘米　厚 6 厘米
朔州市出土
山西博物院藏

朔城区北关出土一批画像砖，包括出行、狩猎、伎乐等题材。北朝画像砖墓非常罕见，朔州地区的怀仁丹阳王墓（年代应在北魏）亦装饰有大量画像砖，可能受南朝文化影响。

85　铜鍑

北齐　天统三年（567 年）
高 23.5 厘米　口径 12.5 厘米　腹径 19.1 厘米
1984 年寿阳县厍狄业墓出土
山西博物院藏

直口鼓腹，镂空圈足，圈足有焊接修补痕迹。口部有扣，与肩部接合处有一小绞链用以连接釜盖（然未发现釜盖），肩部对称一系。此釜通体黑亮，底部有烟痕，当为生活实用品。

86 铜熨斗

北齐 河清元年（562年）
高2.5厘米 口径8.9厘米
1973年寿阳县库狄迴洛墓出土
山西博物院藏

浅盘，宽边平折沿，平底，长柄。就器形看亦有称为熨者。

铜熨斗是中国古代社会生活中的常用器用之一。目前最早器物见于西汉。汉魏晋南北朝乃至唐宋以来都大量使用，也有诸多文献记录及大量考古发现。东汉许慎《说文》载曰："熨，持火申缯也。"晋代《杜预集》则谓："药杵臼、澡盘、熨斗……皆民间之急用也。"又晋代《东宫旧事》中记载"皇太子纳妃，有金涂熨斗三枚"。可见皇室贵族所用熨斗之奢华。唐以后熨斗更普遍使用，如张萱《捣练图》中贵妇持熨斗，又白居易《缭绫》诗云"广裁衫袖长制裙，金斗熨波刀剪纹"。

响铜器

北朝中后期士族、官员墓的随葬品中有一类铜礼佛用具。此类器物大多为墓主人生前用器，反映其信仰状况。常见器类以长颈瓶、敞口盆、手炉、香宝子为主，并伴有多足盘、唾壶、圆盒、灯（烛台）等器类。此类铜器系锻造而成，胎体较薄，器表光素或刻有简单弦纹，是外来响铜工艺的产品。

厍狄迴洛墓随葬的铜礼佛用具共 11 件，出土时集中放置于葬具外的小帐下，在南北朝时期的考古发现中具有代表性。

87　鎏金铜盒

北齐　河清元年（562 年）
通高 4.1 厘米　口径 9 厘米
1973 年寿阳县厍狄迴洛墓出土
山西博物院藏

圆形体扁，盖器套合。盖饰五组同心弦纹。

此类圆形扣盒的功能或为粉盒。本图录还展示了一件厍狄迴洛墓出土的黄釉陶圆形扣盒，造型和尺寸与这件鎏金铜盒相类，反映了铜器造型对北朝陶瓷器的影响。

88　鎏金长颈铜瓶

北齐　河清元年（562年）
通高18.2厘米
1973年寿阳县厍狄迴洛墓出土
山西博物院藏

卵形腹长颈瓶，带一锥形纽瓶盖，盖内设插入瓶内的长条铁片。

对比同时期的佛教用器可知，此瓶应属于储存净水的净瓶，是佛教徒信仰生活中频繁使用的重要器物，或被称为“澡罐”。据唐代《受用三水要行法》载，“净瓶须是瓦，非铜澡罐，由其瓶内有铜青不净不得灰揩故。拔出铜钗揩拭，即知净秽”，由此可知，瓶盖内的长条铁片系用于试探瓶内的洁净状况所设。

89　鎏金铜盆

北齐　河清元年（562 年）
高 4.6 厘米　口径 14 厘米
1973 年寿阳县厍狄迴洛墓出土
山西博物院藏

铜盆敞口，宽边平折沿。此盆或与净瓶配套，为盥洗所需的盛水器。

90　鎏金铜莲花烛台

北齐　河清元年（562年）

通高13厘米　座长9.8厘米　宽4.5厘米

1973年寿阳县厍狄迴洛墓出土

山西博物院藏

由三支莲花烛柱、覆莲形烛座及一长方形四足案组成。莲花烛柱的管筒内存有木质的烛蒂。

忻州九原岗北朝壁画墓

2013~2014 年，山西省考古研究所等单位在山西忻州市九原岗墓群抢救性发掘了一座北朝大墓。此墓规格较高，地表残存封土，有墓园围墙遗迹，形制为带斜坡墓道单室砖墓，坐北朝南，南北总长 41.2 米。研究判断，该墓葬年代在北朝晚期，墓主人可能是地方的军事权贵。该墓仅出土少量遗物，但墓道、墓门、甬道、墓室保留有大面积壁画。墓道壁画东西两壁自上而下各分为四层：第一层主要表现流云中的奇禽异兽、仙人、雷公、风伯、雨师等神话题材，其中一些图像未见于同期其他墓葬；第二层绘马匹贸易、围猎等主题；第三层和第四层主要为“出行图”和“回归图”。墓门上方的门墙正面彩绘一座庑殿顶门楼，设三门。甬道门额绘朱雀，内壁顶部绘一畏兽。墓室壁画自上而下分三层，依次绘星象、四神和牛车鞍马出行。这些图像是研究北朝社会生活、历史文化、军事制度等方面的珍贵资料。

北壁

九原岗壁画墓门顶部

东壁

西壁

第三章

北朝佛韵

山西地区的北朝佛教造像具有卓越的艺术成就和极高的历史地位，如享誉世界的云冈石窟和天龙山石窟，都是兴建于北朝都城近郊的佛教雕塑石窟群。此外，平城-晋阳-洛阳通道沿线遍布中小型石窟，见证了山西地区在北朝时期佛教之盛；山西各地出土的大量北朝佛教造像，是当地古代造像艺术的杰出代表。

北魏早期定都大同，云冈石窟造像融合了希腊雕塑、印度佛像、中国雕塑风格与鲜卑贵族的审美，以威严雄健的风格著称；而北魏中后期迁都洛阳，山西地区又深受龙门石窟造像运动的影响，呈现出典型汉化后的褒衣博带与秀骨清像之风，题材上以未来佛弥勒、观世音菩萨与释迦牟尼佛等为主。东魏时期，褒衣博带仍是各类造像的主流风格，直至北齐时期西胡化风气占据主流，吸收印度笈多艺术又融入鲜卑审美风格的造像逐渐成为佛像主流。

北魏造像

汉地佛教造像的中国化进程中，东晋戴逵、戴颙父子改造了印度传来的佛像样式，加以“褒衣博带”服饰；刘宋时期，陆探微又塑造了佛像“秀骨清像”的艺术风格，“使人懔懔，若对神明”。至此，汉化佛像逐渐呈现出褒衣博带式佛衣以及秀骨清像的风貌，彰显出一派名士风范。

山西北魏早期以气势雄健的大同云冈石窟为代表。北魏孝文帝迁都洛阳后，采取全面汉化改革，学习和引进南朝文化，佛教造像也积极采用南朝样式，流行褒衣博带式与秀骨清像之风，龙门石窟即是对这一时期造像艺术的典型代表。山西地区北魏中后期造像多受此汉化风格潮流的影响。

北魏　云冈石窟　山西大同

北魏　景明元年至正光四年（500～523年）营造

洛阳龙门石窟第140窟宾阳中洞

91 赵照佥造佛坐像

北魏　永熙三年（534 年）
残高 54 厘米　宽 39 厘米　厚 17.5 厘米
1956 年平遥县岳壁村显庆寺出土
山西博物院藏

佛像头部缺失，肩若削成，身体修长，结双跏趺坐于须弥座上；身着褒衣博带式袈裟，内着僧祇支；左手作与愿印，右手似为施无畏印。袈裟下部衣褶厚重，自然层叠，悬裳敷搭于台座上。整体符合魏晋名士的审美要求，属北魏孝文帝汉化改革后流行的造像艺术。

背面上方阴刻“……月己未朔九日丁卯西前州南阳部苑县□平遥令赵照佥然□心灭割家珍造释迦石像一区上为皇帝陛下后为七世父母”。下方铭文多处残缺，已不成文。

92　菩萨立像

北魏

高 121 厘米　宽 45 厘米　厚 16 厘米

1996 年左权县出土

山西博物院藏

造像为砂岩质地，表面有彩绘残留。菩萨头戴三叶宝冠，宝缯向后飘动；面相方圆，秀骨清像，莲瓣形头光；身着右绕天衣，肩饰帔帛于腹部穿结，经由手臂自然垂于脚下，跣足而立。整体造像清瘦而有神，装饰丰富而有层次，用刀劲挺，气韵呼之欲出。属于北魏晚期造像艺术风格。

东魏、北齐造像

东魏、北齐是山西北朝佛教造像艺术发展的又一高峰，以皇室贵族为代表的统治者大力扶持佛教发展。作为东魏“霸府”与北齐“别都”的晋阳备受重视，以天龙山石窟造像为代表的晋阳风格自成体系，其与曲阳修德寺白石造像为代表的定州风格、邯郸响堂山石窟为代表的邺城风格以及青州龙兴寺窖藏造像为代表的青州风格，并称为北齐佛教造像艺术的四大流派。

北齐造像一改北魏中晚期以来汉化的清瘦样式，崇尚胡风，吸收印度笈多王朝鹿野苑派艺术，创造出薄衣贴体、俊逸圆润的造像风格。山西北朝佛教造像一定程度上受中原风格影响，既有高大背屏造像，也有大型圆雕、造像塔碑以及白石造像，中西、胡汉等多种风格在此融合，使得山西北朝造像既有时代特征又有典型地域特色。

93　四面造像塔

东魏
通高 167.5 厘米
1982 年武乡县阳公岭出土
山西博物院藏

该造像塔由五件大小依次递减的四面造像石叠成，形式源自古印度。龛均作圆拱形，由上往下第一、二层四面均为坐佛；第三层坐佛和菩萨各两躯；最底层为佛与二胁侍菩萨、佛与二胁侍弟子像。第三层雕刻最精彩，四面分别为多宝释迦二佛并坐、菩萨及二胁侍弟子、思维菩萨。整体造像面容由北魏晚期清瘦向东魏北齐的饱满转变。

第一层造像石侧面

高 25.5 厘米

第二层造像石侧面

高 28.5 厘米

第三层造像石侧面

高 31 厘米

第四层造像石侧面

高 39.5 厘米

第五层造像石侧面

高 43 厘米

94 菩萨立像

北齐

通高 57.5 厘米　宽 32.3 厘米　厚 31 厘米

山西博物院藏

菩萨头戴高宝冠，面短而艳，双目微睁，肩饰帔帛，身饰华丽璎珞，手施无畏与愿印，跣足而立。帔帛于胸腹前交叉挽结出花饰，天衣紧窄贴体，属典型北齐时期造像。

背光顶部隐约可见后代墨书题记。石座为明清时配。

太原花塔村出土造像

华塔寺原名延庆寺，据传始建于北朝，别号古十方院，是晋阳最古老的寺院之一。唐贞观年间法宝扩建，寺内有无垢净光佛舍利塔，此后历代均有修缮。华塔寺遗址位于晋祠附近，今花塔村果园。据乾隆五十五年（《重修花塔寺碑记》：“浮图多建塔，或此寺原有塔，取释迦佛拈花微笑之义，因名花塔寺，而村即以寺而得名。”

1954 年太原华塔寺遗址一带出土北朝隋唐石刻造像 70 余尊，其中北朝造像是山西地区最具艺术魅力的一批佛教造像，其雕刻技法精湛，形神兼备，堪称山西北朝佛教造像之代表作。

北齐　佛头像

山西博物院藏

北齐　释迦牟尼佛七尊像

山西博物院藏

北齐　释迦牟尼佛坐像

山西博物院藏

东魏武定三年（545 年）　郭妙姿造释迦牟尼佛坐像

山西博物院藏

95 菩萨头像

北齐
高 31.5 厘米
1954 年太原市花塔寺出土
山西博物院藏

菩萨头戴花冠，宝缯两侧垂下；脸型圆润，长耳下垂，弯眉细目。眼帘低垂，鼻梁高耸，莞尔微笑。整体面相端庄祥和，气韵生动，兼具双美，既有世俗女子的形象美，又具有佛教菩萨的神性美，体现了北齐造像的艺术高度和审美成就。

北朝观音造像

南北朝中后期，随着净土信仰和大乘菩萨思想的传播，拥有“救苦救难”之称的观音菩萨地位得到迅速提升。5 世纪时期观音造像逐渐摆脱了佛胁侍的角色而独立出来，单尊观音造像开始流行并迅速传播。东魏时期，以观音为主尊，左右加以胁侍菩萨与弟子的造像开始出现。

事实上，南北两地都出现了以观音菩萨作为主尊的造像。从三尊到五尊、七尊、九尊乃至十一尊像等，观音造像中背光（背屏）分素面、阴线刻、彩绘、浮雕、镂空透雕等多种。有学者认为以观音为主尊的造像可能受南朝梁佛教造像艺术的影响。

96　观音菩萨五尊像

北齐
高 36.5 厘米
1954 年太原市花塔寺出土
山西博物院藏

砂石质，贴金彩绘，采用北齐新流行的透雕双树背光，高浮雕背光上对称装饰伎乐飞天共六身，各持琵琶、笙、排箫、横笛等乐器，顶部双倒龙奉塔。作为主尊的观音菩萨头戴化佛宝冠，面短而艳，身佩华丽璎珞，手施无畏与愿印，与佛陀造像手印颇相一致，这是北朝流行的菩萨成佛手印。

胁侍二弟子与二菩萨像，菩萨上身裸露，下着贴体衣裙，无过多繁缛衣纹，反映了印度笈多艺术对北朝晚期造像的影响。该铺造像设计精巧，造型优美，是北齐菩萨造像的精品之一。

97　背光菩萨头像

北齐
长 34 厘米　宽 25.5 厘米　厚 16 厘米
1979 年昔阳县静阳村出土
山西博物院藏

菩萨头戴高宝冠，宝缯垂肩，有莲瓣形头光；脸型圆润如满月，弯眉细目，微露笑容。整体面相端庄慈和。表面原有彩绘多已剥落。体现了北魏晚期至北齐早期的造像风格。

第四章

丝路胡风

北朝时期是中国历史上中西交通、各民族往来都极为繁盛的时期。占据中国北方的各政权“疆理西域”，极力保证丝路畅通，西域诸国也积极与中国交往。天山南北，葱岭内外，各国商旅相望于道。以中亚粟特人为核心的胡人商队，日夜往来于西起地中海东岸的东罗马、波斯，东至中国的丝绸之路上，用西方的香料、金银器、宝石、玻璃器等时尚珍品交换东方的丝绸。繁荣的经贸活动，同时带动了文化之间的交流与融合。佛教、祆教等各种宗教信仰，粟特、波斯的音乐、美术、工艺都随之而来，为中华文明的创新发展注入了新鲜血液，深深地影响了北朝隋唐时期的历史风貌，引导着时代的风尚。

98　萨珊波斯帝王狩猎纹银盘

3～5世纪
高4.1厘米　口径18厘米
1981年大同市西郊封和突墓出土
山西博物院藏

此器以锤揲法制成，内壁图案为一位帝王在长满芦草的沼泽地只身与三头野猪搏斗。这类银盘是萨珊艺术中最富代表性的器物，多以国王骑射捕猎或搏杀野兽为主图，象征国王的勇武和权力，一般供王室和贵族们在宴会中使用。封和突墓中出土的萨珊波斯帝王狩猎纹银盘是目前我国发现的唯一一件。

自北魏至隋唐时期，伴随着丝绸之路的兴盛繁荣，东西方物质文化交流日益频繁，我国境内出土了许多具有外来艺术特征的金银器，来自古罗马、萨珊波斯、巴克特利亚、粟特等地的金银器皿，成为当时王室公卿、世家大族争相收藏的异域珍宝。

大同南郊出土的大夏金银器

1970年，大同市博物馆在大同市南郊清理两处北魏遗址，发现了一组颇具西方艺术特色的器物。包括三件高浮雕高足鎏金银杯（早期材料认为是鎏金铜杯），八曲银长杯、鎏金银碗各一件，共五件。这组器物的埋藏时代大约在5世纪前后，根据其高足杯的造型特征、莨苕植物纹饰、高浮雕式的人像装饰，以及八曲银洗底部的大夏铭文，其产地被认为在当时嚈哒统治的大夏地区。大夏又称为巴克特里亚，位于中亚阿富汗一带。公元前3世纪，亚历山大大帝东征之后，将希腊文化艺术带到这里，后来又先后被大月氏的贵霜帝国、塞种人的嚈哒帝国统治。

99 人物动物纹鎏金高足银杯

5～6世纪
高10.3厘米 口径9.4厘米 足径4.9厘米
1970年大同市南郊出土
山西博物院藏

此为大同城南轴承厂窖藏出土三件鎏金高足银杯之一，具有明显的希腊化艺术风格。杯身外壁上部高浮雕八只卧羊，现存七只；下部高浮雕手持器物的女性形象，衣饰轻薄，两足交叉站立；人物之间浅刻莨苕叶纹，叶上承托一高浮雕男性头像。

大同发现的外来金银器，展现了北魏平城在丝路贸易上的地位，也对中国金银器的技艺产生了深远影响。

100　八曲银长杯

5～6 世纪
高 4.5 厘米　长 23.8 厘米　宽 14.5 厘米　底径 5.4 厘米
1970 年大同市南郊出土
山西博物院藏

八曲花式口，花瓣形足，整体造型模仿萨珊王朝常见的椭圆形多瓣式长杯。器内底雕刻一狮形神兽扑咬摩羯鱼的图案。杯外壁刻大夏文铭文，现仅释读出："XOSO（可能是器主之名）拥有"几字。这件文物的重要价值在于披露了 5 至 6 世纪大夏国银器的形制，也是北朝时期中外文化交流的重要例证。

101　银耳杯

北魏　景明二年（501 年）
长 12.9 厘米　宽 7.2 厘米
1981 年大同市西郊封和突墓出土
大同市博物馆藏

此银杯采用汉地传统耳杯造型，杯身呈舟形，双耳，平底，矮圈足。

耳杯亦名“羽觞”“羽杯”等。其名“羽觞”之由，乃因其形状似爵（雀），两耳象雀之双翼。一说，饮时杯上可插羽毛，意为催人速饮。可用以盛酒或盛羹，盛行于战国、汉代至晋。

102　银耳杯

北魏
高 5 厘米　长 13 厘米　宽 8 厘米
2015 年大同市博物馆征集
大同市博物馆藏

此杯残缺，仅余一耳。

103　彩绘陶卧驼

北齐　武平元年（570 年）
高 24.7 厘米
1980 年太原市娄睿墓出土
山西博物院藏

娄睿墓共出土骆驼俑4件，分为立驼、卧驼两种。此件驼俑昂首张嘴，作跪卧休息状。

按杨泓等学者的研究，此类北朝骆驼俑表现的驮载物品，可能是鲜卑等北方民族游牧生活中使用的毡帐。娄睿墓的骆驼俑驮载一组捆扎好的毡帐部件：围墙栅栏放在驼体两侧，幕布卷起呈筒状，两端打结，横置于两个驼峰间，并将圆圈形帐顶置于幕布之上中央位置。这是北齐晋阳地区陶骆驼所驮毡帐的典型样式。

104 胡人骑驼俑

北齐
通高 33 厘米　长 22 厘米　宽 19 厘米
太原市义井村出土
山西博物院藏

立状驼俑，驼背驮载毡帐部件及一胡人骑驼俑。

从埋葬制度看，北朝骆驼俑的性质应属于出行仪卫俑群中的驮载牲畜。到了隋唐时期，骆驼俑造型逐渐丰富，开始表现多样的人物、乐舞、商贸内容，与丝绸之路上的行商活动关联更为密切。

105　鼓吹骑俑

北齐　天保四年（553年）
通高24.2厘米　马高23.5厘米　长22厘米
1999年太原市贺拔昌墓出土
山西博物院藏

此俑面部圆润，短粗身材。前额头发似被剃去一部分，余发作扇形笼于背部。长发分十三条发辫，除正中间一条外，其余十二辫似都编有辫结，发辫下部以绳系结后垂于腰带处。身穿红色窄袖襦，红裤红鞋。右手作执辔状，左手微握上举至嘴部作吹奏状。马备有鞍、辔、蹬。

学界一般认为这件陶俑表现了突厥人的形象。突厥是继匈奴、鲜卑、柔然以来又一个活跃于中国西北与北方草原地区的重要游牧民族集团，于北朝后期兴起后，很快就建立了横跨东起大兴安岭，西到中亚里海的庞大汗国。文献记载突厥人的形象是“披发左衽”，“披发”指结发辫的发型，北齐贺拔昌墓随葬的突厥骑士俑、隋虞弘墓石椁上的披发胡人等形象正与此相符。

虞弘墓

1999年7月，山西太原王郭村发现了一座隋代大型墓葬。墓主人虞弘是来自当时中亚或西亚地区的鱼国人，出使北齐时被留任，掌管太原地方入华外国人事务，59岁死于太原。这是我国第一座经过科学发掘、有准确纪年、并有着完整丰富中亚粟特人图像资料的墓葬，是研究北朝至隋中西文化交流的重要依据，被评为1999年全国十大考古新发现之一。

虞弘的葬具为汉白玉雕琢而成的房形石椁，其形制采纳了北朝中晚期以来社会上层流行使用石葬具的风尚，雕刻及绘画装饰却反映了粟特文化题材。

106　虞弘墓石椁

隋　开皇十二年（592年）
通长295厘米　通宽220厘米　通高217厘米
1999年太原市虞弘墓出土
山西博物院藏

石椁上汉白玉石制屋顶采用歇山顶的式样，呈围屏石榻结构，刻满彩绘浮雕，局部用贴金处理。9块长方形石板组成的围屏与四件条石底座按榫卯结构组装，每块围屏间用扒钉和铁环连接，虞弘墓石椁四周布满精美的浅浮雕，由50多幅单体图案组合而成，图案内容丰富，具体有宴饮图、乐舞图、射猎图、家居图、行旅图等。仔细察看，浮雕上所

有的人物都是深目高鼻，根据其发式、衣着判断有粟特人、突厥人以及波斯人。其中狩猎图中，多为骑马、骑象、骑骆驼搏杀狮子者。图中的人物服饰、器皿、乐器、舞蹈以及花草树木等，多源于波斯，典型的有绶带鸟、绶带马、胡腾舞和日月冠后的飘带，马尾、马腿打结装饰，这都是典型的波斯风格装饰。

当时的波斯为萨珊王朝，与中国的魏晋、南北朝、隋以及初唐同时代，是3至7世纪称霸中、西亚地域的庞大帝国。据史书记载，萨珊波斯曾多次派遣使臣，来北魏、隋、唐进贡物品。这一时期随着丝路胡人商队的悠悠驼铃，传来了所谓波斯“三夷教”，即拜火教、摩尼教、景教。在物质生活方面，有波斯锦、金银筐箩、玻璃器、胡瓶等的传入，还有波斯乐、打马球等，受到当时皇室贵族的喜爱。

椁壁浮雕第1幅

椁壁浮雕第2幅

槨壁浮雕第 3 幅

椁壁浮雕第 4 幅

椁壁浮雕第 5 幅

椁壁浮雕第 6 幅

椁壁浮雕第 7 幅

椁壁浮雕第 8 幅

椁壁浮雕第 9 幅

石椁椁座左壁（侧面）浮雕

石椁椁座右壁（侧面）浮雕

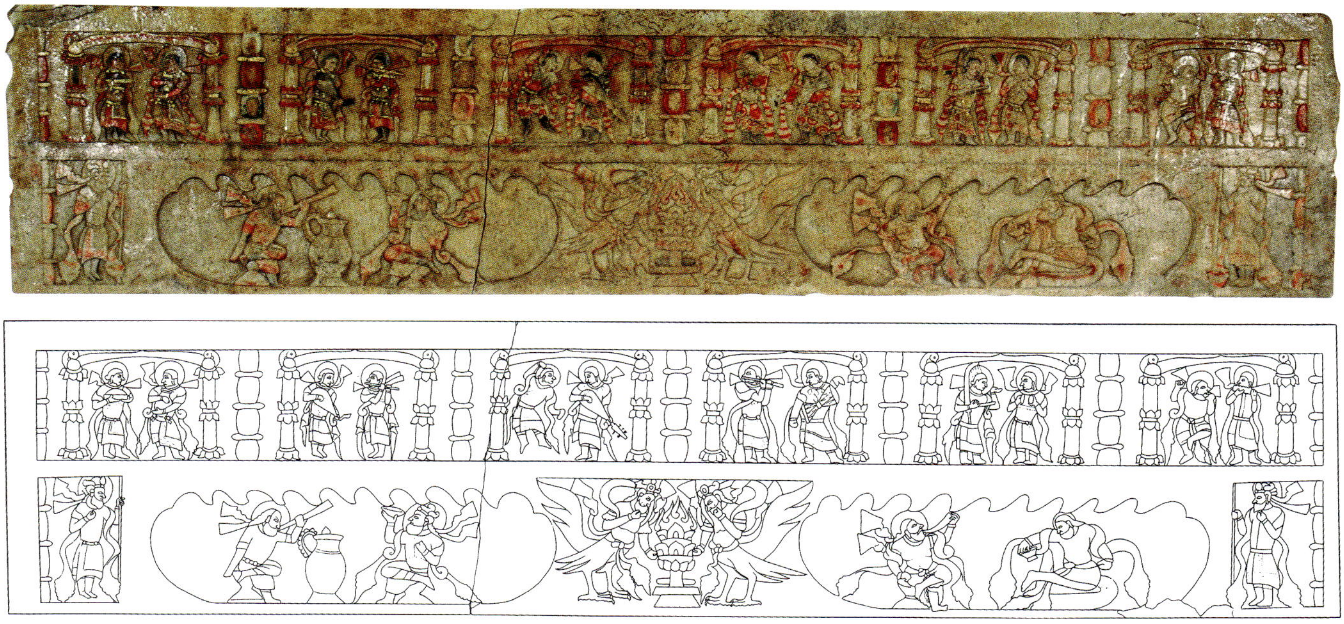

椁座前壁（正面）浮雕

石椁椁座后壁（背面）彩绘

第五章

胡汉之间

北朝时期，以拓跋部为首的鲜卑集团结束了此前“十六国”时期百余年的分裂战乱，将中国北方重新统一，并通过强力的政治手段，推动了中西交通与胡汉之间等多种文化传统的碰撞、融合与新生，重新塑造了北朝乃至隋唐华夏文化的面貌。

位于北魏新旧之都平城与洛阳之间的山西腹地，成为吸引与容纳中西文明与各大民族、多元文化的大熔炉。作为统治核心的鲜卑贵胄，向慕汉风，逐渐融入并成为随后数百年里汉人社会的精英阶层之一，同时北地的鲜卑风俗也不断地浸染着中原文化。正如近代学者陈寅恪先生评价北朝历史所说：“旧染既除，新机重启，扩大恢张，遂能别创空前之世局。”近年山西各地出土的相关文物也体现出中西文明交流与多民族融合的强烈时代特征。

侯马市虒祁遗址北魏墓

2014 至 2015 年，山西省考古研究所为配合侯马冶炼厂新月小区（位于侯马市高村乡虒祁村西北约 2.5 公里处）建设，对其范围内祭祀坑和墓葬进行抢救性发掘，考古发现了四座北魏墓葬，其中 3 座方形单室砖墓有典型的北魏洛阳时期风格，墓葬中没有发现陶俑，随葬容器延续着平城时代陶器的风格，而出土的鐎斗及青瓷器则具有南朝气象，同时编号 M1006 的长斜坡墓道梯形土洞墓、M1006 及 M1007 墓内殉牲习俗又保留有典型的鲜卑风格，墓葬的砌筑方式及直边方形形制又具有自身特色，其远承魏晋，又华夷杂糅，既有民族传统，又兼收并蓄，其丰富的内涵及多样性反映出拓跋鲜卑民族文化与中原地区汉晋传统以及南朝文化相互影响而形成的“杂相糅乱”的文化面貌。

M1006 墓室全景，墓道方向为东南

M1006 墓室东部

M1006 棺内器物位置

107　青釉鸡首壶

北魏

高 17.6 厘米　口径 5.1 厘米　底径 8.2 厘米

2015 年侯马市虒祁遗址 M1006 出土

山西省考古研究院藏

此为南方产品。浅盘口状，细长颈，圆肩，上腹微鼓，下腹内收，饼形实足外撇，平底。肩上有相对的两对桥形系，两对桥形系之间，一侧为高出壶口的龙头柄，龙口衔着盘沿，另一侧为鸡首。釉色青黄，器外施釉至饼足上部，器内仅颈部施釉，底露胎，胎质较细。腹下部有流釉现象。

108 青釉瓷碗

北魏
高 7.7 厘米 口径 13.3 厘米 底径 4.5 厘米
2015 年侯马市虒祁遗址 M1006 出土
山西省考古研究院藏

口微敛，尖唇，深弧腹，饼形实足，底部略内凹。灰白胎，较坚致。内施满釉，外不及底。釉色青黄，釉面满布细碎开片。近底处有流釉现象。

109　青釉盘口壶

北魏

高 26.7 厘米　口径 15.4 厘米　底径 10.2 厘米

2015 年侯马市虒祁遗址 M1006 出土

山西省考古研究院藏

盘状口，粗束颈，下部外撇，圆肩，上腹圆鼓，下腹内收，平底。肩上有四个两两对称的桥形系。颈部有两道凸弦纹。釉色青黄，器外施釉至腹部以下但不及底，器内仅颈部施釉，底露胎，腹下部有流釉现象。

北魏裴经墓（M1007）

裴经墓（M1007）为带长斜坡墓道的直边方形四角攒尖顶单室墓，由墓道、2过洞、2天井、甬道、墓室组成。墓门处有封门砖，甬道为券顶，墓室四壁单砖错缝平砌，在四壁中下部左右各对称留有间隙，以砖尖填充其中。

墓室从四边起券成四角攒尖顶。四隅砌出转角立柱，其间有砖横置将其分成三部分。由于在洞内券顶难度大，故而在墓室顶部挖一竖井，明券与暗券相结合。单人葬，葬具为双棺，置于墓室西部，墓主人仰身直肢。随葬品有陶器、瓷器、铜器、漆器、铁器等，其中包括带有北魏熙平元年（516年）纪年的墓铭砖。裴经墓还受鲜卑葬俗影响出现了殉牲习俗，反映了当时胡汉之间相互交融的历史。

裴经墓墓室全景，墓道方向为东南

110　裴经墓铭砖（一组 2 件）

北魏　熙平元年（516 年）
长 29.7 厘米　宽 15.1 厘米　厚 4.6 厘米
2015 年侯马市裴经墓出土
山西省考古研究院藏

出土时为两砖扣合。上砖为盖，下砖为志。志文共 6 行，满行 21 字，共 110 字。墓志是妻子李氏为其夫裴经所刻，内容主要讲述裴经一生的为官经历、死亡年龄，末尾说明其妻家族渊源。

裴经，字仲略，河东人（黄河以东的晋西南地区），生于北魏太和三年（479 年），卒于北魏熙平元年（516 年）。十五岁出仕为官，曾任参军、县令之类的官职，其妻出自魏晋以来就十分显赫的高门望族赵郡李氏，而裴经本人可能来自著名的河东裴氏。南北朝时期，王朝易姓或政局激变时，南北双方常有世家大族或军事将领投奔对方。当时的南齐名将裴叔业投奔北魏时，就带着河东裴氏家族多人。裴经墓以及同时发现的其他三座北魏墓，多出土南朝风格的青瓷，这可能就与裴氏曾出仕南朝有关。

后魏河东裴君讳经字仲略之铭

解褐，为宣武皇帝之元弟京兆王常侍，出为齊州 / 征虏府中兵参军，入为奉朝请；后为孝文皇帝之少 / 弟司州牧、高阳中正，除宜阳、猗氏二县令，入为襄威将 / 军司徒府铠曹参军。春秋卅有七，以熙平元年丙申岁 / 正月五日而卒于官。妻赵郡李葳罗之女。/

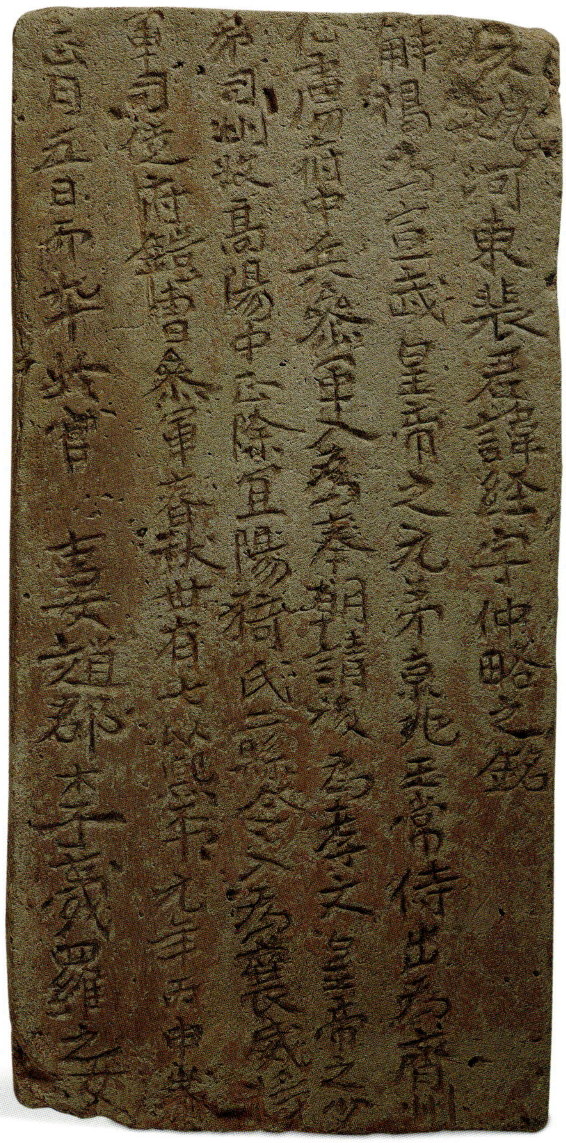

111　青釉唾盂

北魏　熙平元年（516年）
通高8.9厘米　口径9.4厘米
最大腹径13.6厘米　底径7.1厘米
2015年侯马市裴经墓出土
山西省考古研究院藏

盘口，束颈，广斜肩，扁圆腹，饼形实足。足心有一周凹弦纹。内施满釉，底部刮釉，外不及底。釉色青黄。釉面满布细碎开片。灰白胎较坚致。足底有“火石红”。

112 青釉瓷碗（一组 5 件）

北魏　熙平元年（516 年）
高 6.5～7.8 厘米　口径 13.6～14.3 厘米
底径 4.2～6.1 厘米
2015 年侯马市裴经墓出土
山西省考古研究院藏

这组瓷碗或为南朝青瓷。其中四件均为敞口，尖唇，深弧腹，饼形实足形制，釉色青黄；另外一件为小饼形实足，釉色青绿。

113　绿釉陶壶

北魏　熙平元年（516 年）
高 39 厘米　口径 17.1 厘米　底径 15.6 厘米
2015 年侯马市裴经墓出土
山西省考古研究院藏

此壶虽出土于北魏墓，实应为东汉绿釉陶器。红胎绿釉陶。敞口，平沿，长束颈，扁圆腹，圈足外撇，平底，壶底留有烧制时粘附的泥条。颈肩结合部及腹部分别施三周凹弦纹。肩部对称作铺首衔环。内壁口部以下未施釉。

114 陶灯盏

北魏　熙平元年（516 年）
通高 11.4 厘米　口径 9.1 厘米　底径 8.2 厘米
2015 年侯马市裴经墓出土
山西省考古研究院藏

泥质红陶。由灯盏和底座两部分组成。灯盏敞口，平沿，斜直腹。底座呈半球形，中上部对穿两孔。

115 铜碗

北魏　熙平元年（516 年）
高 3.9 厘米　口径 13.7 厘米
2015 年侯马市裴经墓出土
山西省考古研究院藏

南北朝流行的响铜器。敞口，尖唇，腹部内收，圜底。内底部平行施两周凹弦纹。两周凹弦纹之间施波浪纹。内壁近口沿处、外壁口沿处、上腹部分别施凹弦纹。器内外壁均有铜锈，部分部位露出金黄本色。

116 铜鐎斗

北魏 熙平元年（516 年）
通高 8.8 厘米 口径 10.9 厘米
2015 年侯马市裴经墓出土
山西省考古研究院藏

扁平状实柄，近口沿处曲折。侈口，斜折沿，腹部较直，平底略圜。下接兽蹄足，足部拍撇，呈竹节状。口沿一侧出现凹槽状流。

鐎斗的器身为圆口深腹，形如小盆，边缘设有斜向上翘的流，一侧设有长柄，柄首扬起，常铸造成龙首状以作装饰；底部三足，也常被塑造成兽足的形状。主要流行于汉唐时期。其功能、名称多有争论，有人认为它是温酒器，也有人认为是敲击警众的刁斗，还有人说是煮茶的用具。北朝考古发现的鐎斗多与成套的盘、碗、壶组合在一起，应该与饮食有关。

117　铜鐎斗

北魏
通高 16 厘米　口径 11 厘米
2015 年侯马市虒祁遗址 M1008 出土
山西省考古研究院藏

龙首曲柄。侈口，斜折沿，腹部较直，平底。下接兽蹄足，足部拍撇，呈竹节状。口沿一侧出现凹槽状流。

太原开化村北齐赵信墓

太原开化北齐赵信墓（编号 M20）由长斜坡墓道、过洞、天井、土洞墓室组成。墓内葬具为一棺一椁，墓主人夫妇合葬其中。随葬器物 105 件，多为各类陶俑，如侍女俑、出行仪仗俑、镇墓武士俑、陶牛车、骆驼俑、陶猪、陶灶等。棺前为赵信墓志。墓志为灰色细砂岩，志盖阴刻篆书“齐故楚州刺史赵公铭”。志石阴刻隶书，23 行共 508 字。

赵信墓墓室俯视图

据墓志记载，墓主人赵信，生于北魏太和二十二年（498 年），祖籍今甘肃兰州一带，其先祖为氐族略阳赵氏，后归附北魏，袭封莫何弗、第一领民酋长。赵信本人因袭爵获军号，北魏末年历任冠军将军、中散大夫、开国子。东魏天平年间，追随献武帝高欢，被授予平西大将军等爵位，领骑五千，先后获封离石镇城、徐州镇城等职。北齐天宝年间，转任楚州刺史。河清三年（564 年）与夫人合葬于太原蒙山一带，唐坂石灰谷东北二里，追赠骠骑大将军。

赵信墓志中未载赵信祖父和父亲的名讳，仅有“祖以智谋从时，父宦当世，袭爵为莫何弗、第一领民酋长”。莫何弗为官职名，亦称莫贺弗、莫弗等，一般认为是北方游牧部族的官职，而第一领民酋长是北魏授予依附其政权的北方少数民族首领的称号，可世袭。因此赵信之父应是北朝时期北方少数民族首领。根据赵信的祖籍金城，推测赵信应为氐族人，属略阳赵氏后裔。

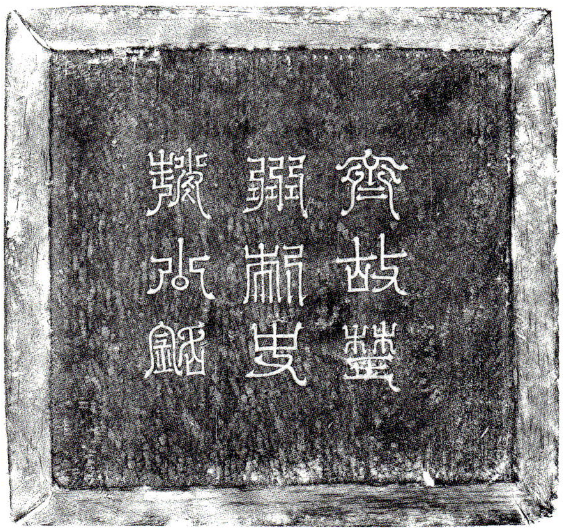

赵信墓墓志

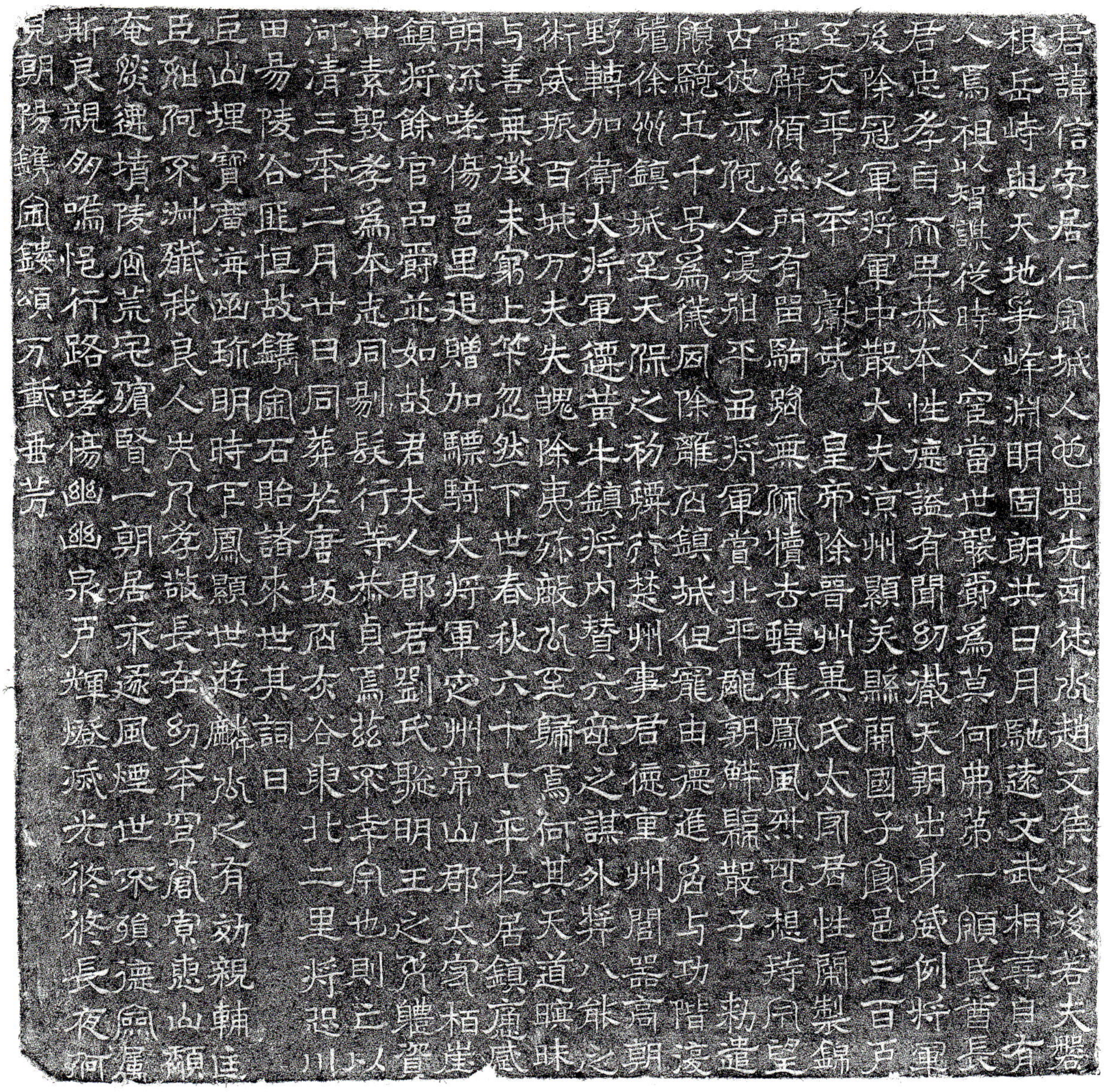

118　彩绘人面镇墓兽

北齐　河清三年（564年）
通高36.6厘米
2012年太原市赵信墓出土
山西省考古研究院藏

头戴黑色圆顶兜鍪，前额处有三条短凹槽。椭圆脸，大耳，高鼻梁，饰有山羊胡和麦叶形络腮胡。脊竖五撮剑形鬃毛。呈蹲坐状，前肢两侧均有飞翼状图案，足呈马蹄状，立于台板上。

119　彩绘镇墓武士俑（一组 2 件）

北齐　河清三年（564 年）
通高 52 厘米
2012 年太原市赵信墓出土
山西省考古研究院藏

头戴乌镶红边圆顶兜鍪，身着鱼鳞状镶红边的银（白）色明光铠，胸背各两护中。两肩披有鱼鳞状镶红边披膊，腰间束红色革带，其上另有一条蹀躞带向身体左侧斜挎。明光铠下摆处有一圈衣褶，膝部有紧扣，下着白色及地缚裤，乌黑圆头靴。左手扶持镶红边银（白）色虎头长盾至足部，右手作握武器状。

120　单手执物三棱风帽俑（一组12件）

北齐　河清三年（564年）
通高27.8～32厘米
2012年太原市赵信墓出土
山西省考古研究院藏

头戴黑色三棱风帽，身穿枣红色高圆领偏襟窄袖襦，腰间束红色革带，及地缚裤，圆头靴。右手下垂空握，所持物已朽坏不存。左臂微屈贴腹，长袖自然下垂。

123　双手执物圆顶风帽俑（一组 4 件）

北齐　河清三年（564 年）
通高 25.6 ～ 26 厘米
2012 年太原市赵信墓出土
山西省考古研究院藏

头戴红色高领圆顶披缘翻耳扇长裙帽，右臂袒于胸前，袍袖扎于腰部，腰束红色革带，及地缚裤，膝部有紧扣，圆头乌靴。

124　双棱风帽背盾俑（一组 4 件）

北齐　河清三年（564 年）
通高 27.5 ～ 28.3 厘米
2012 年太原市赵信墓出土
山西省考古研究院藏

头戴红色双棱风帽，颈围护带，杏黄色短襦，腰束黑色革带，膝部有紧扣，及地缚裤，圆头靴，作持器械状。

125　腰间执物披袍武士俑（一组5件）

北齐　河清三年（564年）
通高25.8～28.5厘米
2012年太原市赵信墓出土
山西省考古研究院藏

头戴圆顶兜鍪，颈围护带。左臂间有一筒形器物，右手持一矢箙于腰后。

122　双手执物三棱风帽俑（一组 2 件）

北齐　河清三年（564 年）
通高 27.6 厘米
2012 年太原市赵信墓出土
山西省考古研究院藏

头戴黑色三棱风帽，颈部系巾，内着白色窄袖，外罩枣红色袍，右袒，腰束红色革带，袍袖扎于腰间，白裤白靴。

121　击鼓俑（一组 4 件）

北齐　河清三年（564 年）
通高 27.5 ～ 27.7 厘米
2012 年太原市赵信墓出土
山西省考古研究院藏

头戴乌黑色三棱风帽，颈扎打结系带，内着紧身白色或红褐襦，外披红袍右袒，右袍袖于腰前系入带中。腰部左侧系一圆形鼓，左右臂均上屈作持器械状，红袍下摆处有一圈衣褶，膝部有紧扣。

126　圆顶兜鍪背盾武士俑（一组 4 件）

北齐　河清三年（564 年）
通高 22.8-23 厘米
2012 年太原市赵信墓出土
山西省考古研究院藏

头戴圆顶兜鍪，颈围护带，身着明光铠，胸部有两护中。左肩背兽面长盾，左手屈于胸前，紧握盾带，右手应持有木质器械。腰束枣红色革带，膝部有紧扣，缚裤圆头靴。

127　侍女俑（一组 4 件）

北齐　河清三年（564 年）

通高 16-23.7 厘米

2012 年太原市赵信墓出土

山西省考古研究院藏

单膝跪地跪侍女俑 1 件。头梳黑色元宝形髻。颈部裸露，内着圆领内衣，外穿枣红色右衽长袖短襦，腰间束百褶长裙。

站立女俑 3 件。头梳黑色元宝形髻，中有一缝。颈部裸露，内着圆领内衣，残存白底、浅红彩和极少蓝彩。

128　陶牛车

北齐　河清三年（564 年）
陶车：通长 27.3 厘米　宽 16 厘米
陶牛：通高 27 厘米　长 24.5 厘米　宽 8～10 厘米
2012 年太原市赵信墓出土
山西省考古研究院藏

牛车上木质构件已朽，车身留有构件插孔。卷棚顶，顶部前后出檐均已残失，现存两条红彩平行线，似为卷棚顶的龙骨构架。车顶和车厢连接处左右各出一檐，施黑彩，上各有两个圆孔。车厢厢体涂黑彩。车厢后壁偏右侧开门，门框镶红边。车厢前壁饰以红白相间条纹，应为竖格条窗之意。车厢底座前部左右两侧各有一孔，以置车辕，车轮无辐，外侧有凸起的纺锤形轮毂，长 7 厘米，内侧有置车轴的圆孔。

牛在我国古代的主要作用不是出行工具，而是农业生产的畜力。自魏晋至南北朝，上层贵族出行皆以乘坐牛车为时尚，更是重要的舆服制度规定，以此为身份和财力的标志。北朝墓葬陶俑和壁画表现的庞大仪仗群中多见牛车，充分反映了这一社会现实。

129 陶骆驼

北齐　河清三年（564 年）
通高 30.6 厘米
2012 年太原市赵信墓出土
山西省考古研究院藏

昂首注视左前方，小耳，短尾。背负帐幕部件，体形矫健，立于台板上。

130 陶猪（一组 8 件）

北齐　河清三年（564 年）
高 5 厘米　长 15 厘米　宽 6.5 厘米
2012 年太原市赵信墓出土
山西省考古研究院藏

模制，多数器体保存较差。陶猪皆为卧姿，头向左侧扭曲并趴在前肢上。口部微张，体形丰盈。

131 陶狗（一组 2 件）

北齐　河清三年（564 年）
高 9 ～ 9.3 厘米　长 12 ～ 12.5 厘米
2012 年太原市赵信墓出土
山西省考古研究院藏

模制的子母狗俑。母狗卧伏，左侧有小狗偎依于母狗腹部。母狗昂首向左侧，五官刻画生动形象，神情休闲，憨态可掬。

132　陶灶

北齐　河清三年（564 年）
高 12 厘米　宽 9.8 厘米
2012 年太原市赵信墓出土
山西省考古研究院藏

器体保存完好。前有灶口和火焰纹，背后有灶台和放置锅的位置。

133　陶仓（一组 2 件）

北齐　河清三年（564 年）
通高 12～14 厘米
2012 年太原市赵信墓出土
山西省考古研究院藏

素面，一件通体施白彩，另一件先施白彩后着土黄色彩料，多已脱落。一件尖状顶，另一件菌状顶。圆筒形周壁上有圆形仓门。仓顶和周壁上见有轮制加工痕迹。

134　陶厕

北齐　河清三年（564 年）
高 7 厘米
2012 年太原市赵信墓出土
山西省考古研究院藏

陶厕圆底，器体呈方形。门开于一侧，坑孔在最里边的墙边，便于保护隐私。

135　陶碓

北齐　河清三年（564 年）
长 15 厘米
2012 年太原市赵信墓出土
山西省考古研究院藏

136 陶碗（一组 6 件）

北齐　河清三年（564 年）
高 6.9 ～ 8 厘米　口径 12.2 ～ 12.6 厘米
底径 5.5 ～ 6 厘米
2012 年太原市赵信墓出土
山西省考古研究院藏

器形规整，器表光滑，器壁内外均有轮修形成的浅细旋纹，其中一件碗内残留动物遗骨。

论文

5 世纪中后期的平城
——以墓葬资料为中心的观察

韦正 / 北京大学考古文博学院

墓葬面貌的变迁是社会变迁的一个侧面，根据墓葬面貌的变迁透视古代社会，利用现存有关文献材料对墓葬面貌的变迁予以解释，是一项基础性的研究工作。从 4 世纪末建国到 5 世纪中期，北魏处在以武力征服黄河流域的过程之中，已经发现的可以肯定属于这个时期的墓葬数量很少，无法进行比较全面的探讨。大约从 5 世纪中期开始，北魏开始了文化建设，并在不足半个世纪的时间内，就推行了全面的封建制汉化改革。其间所发生的剧烈变化，给很多方面留下了历史的烙印。就墓葬而言，在 5 世纪中后期平城地区墓葬出现许多新因素的同时，不少旧因素也消失了，这种一起一灭是观察这个时期平城地区墓葬面貌变迁的重要视角。虽然已经发现的相关墓葬材料还不是很多，但似已允许选取典型墓例，按照不同的阶段，对墓葬中出现的新文化因素加以分析。对于消失的旧因素，我们拟先指出现象，然后再进行讨论。以上述工作为基础上，我们尝试将 5 世纪中后期平城地区墓葬面貌的变迁置于这个时期的北魏历史进程中，从宏观角度说明诸种变迁的必然性所在。

一、新出现的墓葬文化因素

比较典型的5世纪中期墓葬材料主要有阳高尉迟定州墓(457年)、大同田村墓、仝家湾 M7、仝家湾 M9(461年)、云波里墓、大同南郊北魏墓 M229、M253 等。[①] 出土棺版画的大同智家堡北魏墓的年代也很可能是 5 世纪中期。[②] 田村墓的年代发掘简报中定在太和年间，有误，当为 5 世纪中期。[③]5 世纪中期墓葬的数量不够多，已公布的墓葬大概也不足以代表这个时期墓葬的主要类型，不论以后发掘公布的材料能在多大程度上改变现

① 大同市考古研究所：《山西大同阳高北魏尉迟定州墓发掘简报》，《文物》2011 年 12 期，页 4-12；大同市考古研究所：《山西大同南郊区田村北魏墓发掘简报》，《文物》2010 年 5 期，页 4 ～ 18；山西省考古研究所、大同市考古研究所：《山西大同南郊仝家湾北魏墓（M7、M9）发掘简报》，《文物》2015 年 12 期，页 4-22；大同市考古研究所：《山西大同云波里路北魏壁画墓发掘简报》，《文物》2011 年 12 期，页 13 ～ 25；山西大学历史文化学院、山西省考古研究所、大同市博物馆：《大同南郊北魏墓群》，科学出版社，2006 年。其中，仝家湾 M9 可能为二次葬，太和二年（461 年）葬入梁拔胡时绘制了壁画，5 世纪后期葬入梁拔胡夫人时更换了随葬品，壁画依旧。

② 刘俊喜、高峰：《大同智家堡北魏墓棺板画》，《文物》2004 年 12 期，页 35 ～ 47。

③ 田村墓出土陶长颈壶、陶罐的腹部都是椭圆形，这是平城时代早中期北魏墓出土陶器的典型特征，陶俑等器物特征又与平城时代后期的接近，所以应是 5 世纪中期前后的墓葬。

状，但现有的墓葬材料已经共同显示出这个时期是平城地区墓葬面貌剧烈演化的时期，我们有必要也有可能选取典型墓例进行分析。[①]

5世纪后期的典型墓葬较多，可分为两类，一类有壁画，如文瀛路墓、宋绍祖墓（477年）；[②]一类无壁画，它们是恒安街崔令珍妻韩法容墓、雁北师院墓群M2、M52、司马金龙墓、仝家湾M9，七里村的几座墓如M35（484年）和M1、M6、M14、M20、M33、M36、M37。[③]这些墓葬面貌存在较强的共性，特别是高等级墓葬的共性更强，这也允许进行选取典型墓例进行分析。

5世纪中期与后期墓葬面貌存在着陶器从鼓腹到肩宽底小、陶俑几乎从无到有、墓室壁画从题材庞杂和单一的显著变化，所以下面将5世纪中后期墓葬分为两个阶段加以分析。

先叙述5世纪中期的墓葬情况。

尉迟定州墓有几个不同寻常的现象。

其一，尉迟定州墓道中殉牲种类有马、牛、羊、狗。这些动物的头部整齐摆放在距离地表1.2米深处，动物头朝向墓道侧壁，而不是向外或向内。大同南郊北魏墓地167座墓葬中，有5座在墓道中发现动物骨骼，其中M50的殉牲种类也为马、牛、羊、狗，除牛骨为肢骨外，其它均为头部，且摆放方式与尉迟定州墓相同，即头朝向墓道壁。从陶器看，M50的年代与尉迟定州墓接近。大同南郊墓地另有17座在壁龛、15座在墓室中随葬兽骨的墓例，看来是将动物作为肉食放入墓中的。在墓道中埋藏殉牲且头向墓道侧壁的并不常见，似乎在象征财富之外，还有较强的仪式意义。

其二，尉迟定州墓顶为四隅券进式穹隆顶。其特别之处是四角向上的发券也为三顺一丁方式，似乎是墓壁砌筑方式在角部的继续延伸。四隅券进顶是源于西方的屋顶结构，东汉时期传入中国，吴晋时期在长江中下游地区相当流行，那里年代最晚的四隅券进顶大概在东晋中期，比尉迟定州墓早大半个世纪。而且，吴晋四隅券进顶多从墓葬四壁中间以立砖方式起拱，具有鲜明的中国特色。大同仝家湾M7是平城地区另一例四隅券进式穹隆顶墓，墓葬的年代与尉迟定州墓也相近，但墓顶的构成形式则与吴晋地区的相近，不过，这并不能说明平城地区四隅券进顶由南方传入，而应考虑直接从西方传入的可能性，或者是北魏平城时代的自我发明。

其三，尉迟定州墓石椁和石棺床是目前所知年代最早者。石椁几乎是地面建筑的翻版。虽然4世纪30年代的大同沙岭7号北魏墓已在墓壁上绘出梁柱斗拱，但石椁具有墓室壁画无可比拟的表现力。尉迟氏本西域

---

① 云冈石窟的开凿是北魏文化史上的标志性事件。之前的北魏以战争为主要任务，之后则转到经济和文化建设为主的历史轨道上来。云冈的开凿是北魏佛教政策的转向，同时推行的其他文化政策同样意义重大（详见正文中对文成帝的有关叙述），5世纪中期墓葬的纷繁面貌可以放在这个大背景加以考量。

② 大同市考古研究所：《山西大同文瀛路北魏壁画墓发掘简报》，《文物》2011年12期，页26～36；大同市考古研究所：《大同雁北师院北魏墓群》，文物出版社，2008年。

③ 大同市考古研究所：《山西大同恒安街北魏墓（11DAHM13）发掘简报》，《文物》2015年1期；大同市考古研究所：《大同雁北师院北魏墓群》，文物出版社，2008年；山西省大同市博物馆、山西省文物工作委员会：《山西大同石家寨北魏司马金龙墓》，《文物》1972年3期，页20～33；山西省考古研究所、大同市考古研究所：《山西大同南郊仝家湾北魏墓（M7、M9）发掘简报》，《文物》2015年12期，页4～22；大同市考古研究所：《山西大同七里村北魏墓群发掘简报》，《文物》2006年10期，页25～49。

著姓，在拓跋鲜卑政权下为官，但石椁却是典型的汉式建筑。可以推想，像尉迟定州这样的人，他们的族源、祖居地和原生活环境，本来都与汉文化没有多少关系，现在他们在汉式建筑里安然而居、不以为异，可见他们的建筑文化观发生了很大转变。前 1 世纪砖室墓在中国问世不久，就出现壁画或影作木构建筑，但在尉迟定州墓之前的汉人墓中始终未见到将体量硕大的仿木石椁抬进墓室中的例子，可见 5 世纪中期平城显贵们将墓室居室化的心情多么急迫，5 世纪中期平城地区葬俗的变化有多剧烈。石棺床高 30 厘米，虽然不是后来常见的高 50 厘米左右的高棺床，但它与沙岭 7 号墓直接将棺木放置在墓室地面上完全不同。沙岭 7 号墓所代表的是席地而居的生活方式，尉迟定州墓石棺床代表的则是半高或高寝具的起居方式，它的源头虽然在西方，但已经被改造成中国的样式。尉迟定州墓已为中国有史以来直至沙岭 7 号墓的那种席地而居的生活方式敲响警钟。我们知道，高寝具的全面流行要到晚唐五代以后，我们现在能找到的最早的考古学证据就是尉迟定州墓，可见，5 世纪中期的北魏贵族们是多么地喜欢追逐新鲜事物，对这个时期墓葬习俗的改变有多大的推动作用。

其四，尉迟定州墓的石椁朝向墓室侧壁而不是墓门（以朝向墓门为准区别左右，石椁位于墓室右侧），棺床上有骨架一具，但未发现棺木痕迹。尉迟定州墓室的面积足够大，可以将石椁朝向墓门，但没有这么做，而是朝向墓壁，当有一定的考虑。中国古代汉式房屋的基本格局是一堂二内，寝室安排在堂的两侧，尉迟定州墓石椁既仿自汉式建筑，朝向墓室侧壁也有可能是基于中国汉式房屋的格局。棺木是先秦汉晋华夏民族必备的葬具，尉迟定州墓未发现棺木，同样的现象在平城北魏墓中发现不少，这是一个重要的葬俗上的变化，而且这个变化最初是在平城地区发生的。现有的材料还不足以从墓主民族、地域等方面分析，但无棺木墓葬共同点是多以石椁或石棺床为葬具，或许说明这是为了更好地再现墓主生前安然卧于床上的情形，与使用仿汉式建筑的石椁、石椁朝向墓侧壁的精神是共通的，那就是尽可能在墓葬中模仿现实生活场景。

以上四点之外，还有三点可称说之处。一是尉迟定州墓道朝西，这与平城北魏墓葬多朝南有别，或许与尉迟氏来自于西方有关吧；二是棺床上有鸡鸣枕，这是汉晋汉人墓中常见的一种枕头，同样说明尉迟氏对汉人习俗的接受；三是石椁封门石铭文具有鲜明的汉晋买地券特点，其中的“识认寒盗”“洛书”“时人张坚固、李定度”更是典型套语。（图 1、2、3、4）

尉迟定州墓可谓多种文化因素的“混合体”。它将多种不同地域、民族、传统的文化因素杂糅在一起，体现出 5 世纪中期平城北魏墓葬在葬俗上的剧烈变化。葬俗是较为保守的文化现象，但仍然会随着现实社会的变化而变化。而由葬俗的变化同样可反推现实社会变化的状况和程度。尉迟定州墓的各项特点表明，5 世纪中期北魏现实社会中的文化变迁要比通常想象的更加剧烈。此外，由于在尉迟定州墓所展现的葬俗之中，墓室的汉式居室化是最突出的现象，可知汉化当是 5 世纪中期平城地区北魏墓葬面貌变化的主要方向。这种汉化是不自觉的，与孝文帝主动汉化不同，但更显汉化的主动性和必然性，值得我们深究。

大同田村墓坐东朝西，石棺床位于墓室的右侧，都与尉迟定州墓相同。值得注意的不同之处有以下三点：

其一，陶器明器化和礼器化。这表现在陶器尺寸变小，部分陶器外表涂朱。尺寸变小的陶器汉式、鲜卑式均有，如汉式樽口径 13.2 厘米、盘 10.3 厘米，两件鲜卑式陶罐的高度分别是 10.4 厘米、11 厘米。外表涂朱陶器同样汉式、鲜卑式均有，汉式如盘、樽、盆、钵、耳杯、勺以及灯、碓、箕、井等，鲜卑式陶器如长颈壶。此外，还出现了仿铜的陶鍑。这些陶器是平城时代北魏墓葬中最早出现的一批明器，说明这个时期平

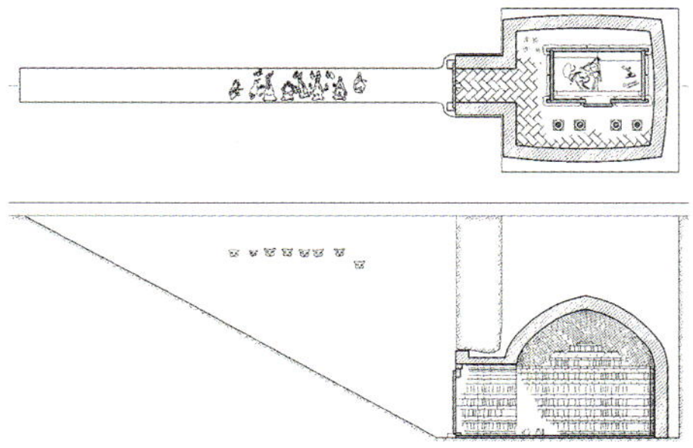

图 1 尉迟定州墓平、剖面图

图 2 尉迟定州墓道殉牲

图 3 尉迟定州墓顶结构

图 4 尉迟定州墓石椁及其在墓室中的位置

城地区的随葬品观点发生了较大变化。其中涂朱的陶器还具有一定的礼器性质。与那些粗制滥造、聊以充数的明器不同，这些器物形体规整、做工精良，外表的红彩使它们显得庄重神秘。涂朱陶明器在汉晋墓中常有发现，这与礼仪活动中强调以素朴的陶器表达"报本返始"的思想有关。红色是中国传统的礼仪用色，早在仰韶文化时期就出现了红顶钵，汉晋时期仍然使用红色，大概都与红色与血液颜色之间的相似性有关。还需要特别指出的是，尽管井、碓、簸箕等与农业活动有关的陶器以及鲜卑长颈壶也涂上红色，而且该墓也遭盗扰，但在这些陶器中，有陶盘、陶樽、陶耳杯等汉晋时期的常用设奠陶器，它们的位置仍然可以看出与其他陶器有所不同，这或许暗示汉晋传统礼仪是被田村墓作为核心部分所接受的。

其二，出现陶动物。陶动物只有陶狗和陶骆驼，但很有意义。与田村墓大致同时的尉迟定州等墓葬以及较早的沙岭 7 号墓[①]中都没有发现陶动物，因此，这是一个值得关注的现象。鲜卑墓葬没有随葬陶动物的习俗，但中原地区汉晋十六国墓葬多随葬有陶动物，田村墓的时代仍有可能了解到汉晋这一葬俗，但将陶动物以及上文提及的陶盘、陶樽、陶耳杯等汉晋陶礼器在 5 世纪中期平城地区北魏墓葬中的出现归结为延续或恢复汉晋传统可能并不那么合适。《魏书》卷四十八《高允传》载鲜卑的旧俗有"葬送之日歌谣、鼓舞、杀牲、烧葬"[②]，在尉迟定州等墓葬中发现的殉牲或可作为这条记载的注脚。那么，田村墓以陶动物随葬可否理解为系改进旧俗的举措，并在形式上采用了汉晋以来的做法要更合适点？

其三，出现陶俑。陶俑与陶动物出现的原因和性质应该相同，但表现出更强烈的对生命体的重视，是平城地区随葬习俗的显著进步，具有更积极的意义。从时间上来看，田村墓陶俑不能说是最早的北魏陶俑，西安顶益制面厂墓[③]等墓葬中就出土戴鲜卑帽的骑马俑，不过那种俑显然是对前秦等十六国墓葬中骑马俑的直

① 大同市考古研究所：《山西大同沙岭北魏壁画墓发掘简报》，《文物》2006 年 10 期，页 4 ～ 24。

② 〔北齐〕魏收撰：《魏书》，中华书局，1974 年，页 1074。

③ 陕西省考古研究所：《西安北郊北朝墓清理简报》，《考古与文物》2005 年 1 期，页 7 ～ 16。

接模仿，田村墓陶俑不是对那些陶俑的简单继承，而是5世纪中期平城地区的自我创造。田村墓陶俑共有11件，而且其中1件可能是镇墓俑而非普通俑类。另10件俑的形态都比较古拙，都不表现下肢和脚部，神态不及后来陶俑生动细致。这些俑的身份也都很单一，基本都可以确定是生活类的侍从俑，与汉晋十六国墓陶俑的情况都不同。汉墓中陶俑的类型往往比较丰富，晋墓中俑的数量则往往只有几件，十六国墓中武士俑、骑马俑是时代特色，田村墓陶俑似乎是一次重新开始。率先制造出生活类而非兵士、仪仗类陶俑或可说明，5世纪中期平城地区的北魏墓葬还没有充分作为表现死者生前权势的场所，鲜卑贵族们所关心的重点还是在如何自我奉养得更好些。北魏平城时代奴隶制还有不少残余，[1]田村墓的这些生活类侍从俑实际上就是家内的奴仆，是北魏贵族家庭奴隶的真实写照，10件陶俑所象征的则是奴仆成群的景象。在这个意义上，陶俑、陶动物与陶明器一样，都是对5世纪中期北魏平城地区历史、社会状况的深刻反映。（图5、6、7、8、9、10、11、12、13、14、15、16）

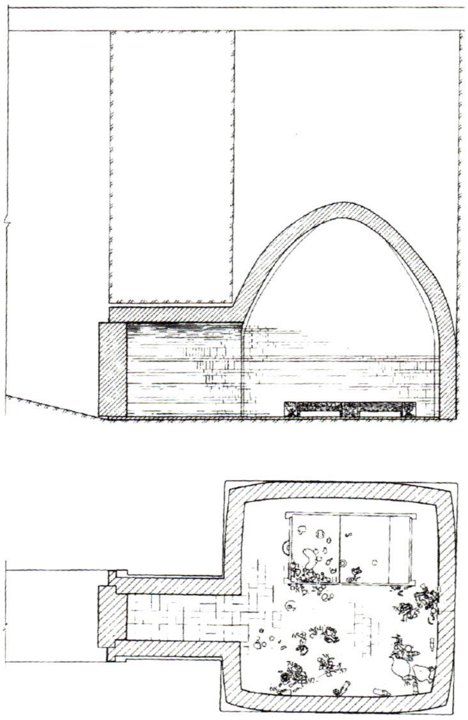

图5 田村墓平面图

上文提到过的大同仝家湾M7是与尉迟定州墓、田村墓年代接近的墓葬。仝家湾M7、尉迟定州墓是目前所知平城地区仅有的两例四隅券进顶式墓例，年代较晚的北魏墓在平城地区发现不少，但都不是四隅券进顶，或说明这种顶式只在5世纪中期在平城地区流行了不长一段时间。仝家湾M7系现代被盗，但损失似乎不甚严重，铜鍑、铜鐎斗仍然存在。墓中没有发现石棺床、陶俑、涂朱

图6 田村墓石棺床

① 奴隶始终是北魏社会中的固定人群，北魏均田制中有专门针对奴婢的条款，可见其奴婢人数相当可观。《魏书》卷七上《高祖纪上》太和五年（481年）冯太后“以南俘万余口班赐群臣”（页150），可见大量战俘被变成奴隶。迁洛以后情况似未有好转，如《魏书》卷九十四《阉官·抱嶷传》载：“嶷前后赐赏奴婢牛马盖数百千，……（抱嶷养子）老寿死后，收纪家业，稍复其旧，奴婢尚六七百人。”（页2022、2023）

图7
田村墓陶俑

图8
田村墓陶俑

图9
田村墓陶俑

图 10　田村墓陶壶

图 11　田村墓陶盘

图 12　田村墓陶钵

图 13　田村墓陶耳杯

陶器，也没有殉牲现象，看来原本就没有这些遗物。仝家湾 M7 的长斜坡墓道之中带天井，可能也是平城地区最早的这种墓例。

从尉迟定州墓，经田村墓，至仝家湾 M7，墓葬的规格似乎逐渐降低，但也都不是寻常百姓的墓葬。三墓面貌既有共性又各有特点，既说明 5 世纪中期平城地区北魏墓葬尚没有明确的官方制度，也说明当时存在一定的礼俗习惯。其中，尉迟定州墓与田村墓都明显表现出与之前墓葬有所不同的新现象，尉迟定州墓的石椁、两墓都有石棺床、田村墓的涂朱陶明器、陶俑，在后来的墓葬中屡见不鲜，说明它们代表了平城地区墓葬面貌演化发展的方向。二墓相比而言，尉迟定州墓似乎要显得保守，如墓道殉牲，这可能与尉迟定州墓位于尉迟氏部落领地之内，且墓葬所在的今阳高县距平城有一定距离有关。不能确定田村墓是否葬在某一宗族或部落领地内，但田村墓显然比尉迟定州墓更多地表现出葬俗上的新气象。田村墓的涂朱陶器、陶动物和陶俑便都是新生事物，都应该与墓主生前居住在平城之中或附近，能够直接接触到北魏现实社会生活中的变化有一定关系，而未必是为了恢复汉晋之旧。[①]

图 14　田村墓陶樽

其次讨论 5 世纪后期墓葬。

5 世纪后期墓葬中，宋绍祖墓资料丰富典型，可作为讨论的主要样本。司马金龙墓、雁北师院 M2、M52 的材料也相当丰富，讨论时也会较多引用。其他墓葬必要时加以引用。

图 15　田村墓陶狗

图 16　田村墓陶骆驼

① 学术界常对北魏墓葬中出现的与西晋墓葬近似的文化现象用恢复“晋制”来作理论上的解释，这大概只触及了事物的表面，北魏时人改革葬俗的真正动因是其本民族葬俗中野蛮落后的部分，他们所拥有的历史资源和面对的新的历史条件，促成了他们沿袭利用了一定的西晋乃至汉代的丧葬文化因素，他们的本意大概并不是恢复“晋制”，何况“晋制”本身也不那么明确。也许可以作这样的表述，那就是，北魏社会的逐步发展，以及汉族士人的鼓吹，导致自 5 世纪中期开始，平城地区相当一部分上层人物的生死观发生了较为明显的变化，他们既认识到生命的珍贵，也认识到死亡是人的生命的终结，杀牲烧葬本质上是愚蠢，是对生活资料的浪费，死者在地下的种种需要实际上是由生人想象出来的，用陶俑、陶动物、陶明器同样可以满足。这与华夏民族从春秋战国时期逐步停止人殉，西汉中期前后大型贵族墓葬废除车马殉葬，东汉中期以后大量使用各种陶明器一样，都是人类思想认识水平不断提高的结果。

宋绍祖墓有两点很可注意。

其一，出现种类繁多、排列有序的陶俑群。

宋绍祖墓虽然被盗，但随葬品位置和组合基本没遭到大扰动。以居于墓室中部偏后的石椁为中心，两侧和前方分布着排列有序的陶俑群。前部是镇墓兽和镇墓武士，然后是以墓主牛车为中心的各种陶俑，其中人物俑共 113 件，可分为七种，分别为甲骑具装俑 26 件、鸡冠帽武士俑 32 件、风帽仪仗男俑 19 件、披铠步兵俑 18 件、男侍俑 8 件、女侍俑 6 件、胡人伎乐俑 4 件。这是目前所知年代最早的北魏墓葬出土大型俑群，它与数量少而单调的田村墓俑群有天壤之别。比宋绍祖墓年代略晚的司马金龙墓共出土陶俑 367 件，除少数几件镇墓俑外，都是人物俑，但具体数目不详。人物俑中与宋绍祖墓相同的是风帽仪仗男俑 113 件、胡俑 8 件、15 件以上的女侍俑和数目不详的鸡冠帽骑马武士俑。另外 122 件尖盔武士骑马俑和数目不详的尖盔步兵俑大概分别相当于宋绍祖墓的甲骑具装俑和披铠步兵俑。真正不见于宋绍祖墓的是数目不详的跪坐女侍俑和 12 件女乐俑。与宋绍祖、司马金龙墓可作对比的是，雁北师院 M2 有跪坐的女乐俑和舞蹈女俑，以及站立的男女侍俑和杂技胡俑；墓主身份为“平远将军”的 M52 有舞蹈女俑和站立的女侍俑；文瀛路北魏墓等墓葬中也有站立或坐姿的男、女侍俑。上述墓葬出土陶俑的形态基本相似，宋绍祖和司马金龙墓之外的墓葬中都没有武士俑和仪仗俑，可见这两类俑具有身份与等级象征意义。① 司马金龙墓不仅陶俑数量大，而且多为带釉俑，当是其身份高于宋绍祖的缘故。武士俑和仪仗俑是地下的“武装力量”，与侍奉墓主的侍从俑不同，具有“公共”性，表现的是权力和威严，是皇权对墓主身份的认可，因此，这种陶俑的制作和使用都会受到国家的监管。② 在 5 世纪后期突然出现大型陶俑群，而且面貌基本相似，说明墓葬开始被北魏政府用来作为体现等级制的手段了，这是平城北魏墓葬发展到一个新阶段的标志。

其二，出现镇墓兽和镇墓武士俑构成的四件一套镇墓组合。出现镇墓兽的墓葬为以下三座：雁北师院 M2 出土两件者一呈人面兽身站立状，一呈老虎蹲坐状；司马金龙墓出土一件，呈人面兽身蹲坐状；宋绍祖墓出土一件，呈老虎蹲坐状。雁北师院 M2 的墓葬形制、器物形态都与宋绍祖墓接近，时代也当接近。镇墓武士俑在这三座墓中也都有出土，而且每座墓中都是两件：雁北师院 M2 和宋绍祖的两件都呈头带兜鍪的着铠甲武士状；司马金龙墓的不清楚，只是在简报中说有大陶俑两件，“残破严重，头臂缺失。头、躯、腿三部可拆卸”，“残高 54.5 厘米”，这些特点正好与镇墓武士俑相符。雁北师院 M2 两件镇墓武士俑的高度一为 68 厘米，一件缺头，残高为 54 厘米，而普通站立俑的高度约为 23 厘米。宋绍祖墓两件镇墓俑都缺少腿部，一件残高 47.3 厘米，一件残高 45.1 米，复原高度都可以接近 70 厘米。司马金龙墓俑的复原高度也大概如此。③

---

① 鸡冠俑和风帽俑的形象在沙岭 7 号墓壁画出行图中都存在。从 5 世纪三十年代至七八十年代，北魏军服的形式看不出明显变化。

② 随葬品获得等级意义是逐步形成的。西汉周勃死后，周亚夫曾购买武士俑陪葬。北魏时期的情况与西汉时期显然不同，北魏对手工业工匠控制特别严格，商品经济又几乎停顿，陶俑在平城时代不可能被作为商品制造出来和出售。即使到了商品经济有所发展的北魏洛阳时代，根据不同墓葬中出土陶俑的形态基本一致，仍可推知陶俑出于官方制造。

③ 大同博物馆还展出了大同云波里华宇工地出土的镇墓物，有站立状的人面镇墓兽和老虎状镇墓兽各一件，也出土有镇墓武士俑，但墓葬的其他情况不清楚，因此不便进行讨论。

因此，从形态、高度、配置等方面看，上述几墓镇墓兽和镇墓武士俑特征接近、组合稳定，而且在其他中小规模的墓葬中都没有出土，这种情况不是能用墓主的经济实力或当时的葬俗能够充分解释的，只有将其归之于北魏政权的有关规定才更合理。

两件镇墓武士俑、一人面一兽面的两件镇墓兽所构成的四件镇墓组合，对后来的墓葬影响深远，直到唐中期墓葬仍然如此，而且可以不与大型陶俑群共同出现，可见其独立性，而这个组合的起始就在5世纪中后期之交的平城地区。那么，考察这种组合的形成就显得有必要。大同田村简报中称作“胡俑”的一件陶俑，有可能是最早的一件镇墓武士俑。这件俑“大眼，高鼻”，与上述几墓的镇墓俑面部特征相似，而且头部似乎还戴着兜鍪；从残存的右臂看，身上所穿的大概不是“圆领胡服”，而是铠甲。俑残高24厘米，复原高度当在40厘米以上，远高于同墓所出高度在20厘米左右的侍从俑。田村墓发掘简报称“发掘前墓顶已被施工机械破坏，无法保留，墓室内淤土深达1米”，可知该墓没有被盗扰，也就是说，并没有以镇墓兽随葬。另一种可能是，当时平城地区还没有开始制造陶镇墓兽。不论哪一种情况，都说明四件一套的镇墓陶俑组合是逐步形成的，而且是有意而为之，其最终形成当在5世纪中期与后期相交阶段。至于给代表方相氏的镇墓武士俑穿上甲胄则似乎是北魏的发明，这可能与北魏将打鬼活动或炫耀军威联系在一起有关，《魏书》卷五《高宗纪》载文成帝时“制战阵之法十有余条。因大傩耀兵，有飞龙、腾蛇、鱼丽之变，以示威武。”[①]

两人两兽的四件镇墓组合因为出土时总是居于仪仗俑的前面，所以常常被当成陶俑群的一部分，这是不合适的。其一，其他陶俑与这个镇墓组合有人、怪之别。镇墓兽可置不论，北魏时期镇墓武士俑最早的形象也不是人面而是兽面，以田村墓的最早，宋绍祖等墓的接续其后。这种镇墓武士俑的前身则是壁画中的方相氏，这在沙岭7号墓甬道中表现得非常清晰。沙岭7号墓甬道壁画中的方相氏、镇墓怪兽与四件一套镇墓俑组合的承袭关系明确。从沙岭7号墓壁画方相氏、镇墓兽与大型出行图分别位于墓室甬道和侧壁可知，两者的位置、性质本来没有任何关系。[②] 其二，两人两兽的镇墓俑组合直到唐代仍然如此。王去非先生根据《唐六典》《通

---

① 《魏书》卷五《高宗纪》，中华书局，1974年，页120。

② 沙岭7号墓甬道壁画中的武士的面部近似猪脸或熊脸，直至平城时代晚期的文瀛路墓甬道壁画武士已呈天王状，但长着一副猪耳朵，可知这类武士是蒙着面具的打鬼的方相氏，它的渊源可以追溯到汉代如四川地区的魌头、洛阳西晋墓中的天王俑等，这是华夏民族传统的镇墓形象。沙岭7号墓甬道壁画中的人面兽身形象从实物上找不到渊源，颇怀疑是北方民族在打鬼仪式上的用品，北京大学考古文博学院王倩博士也有相近的看法。这种人面兽身的镇墓形象后来的发展为一个人面兽身，另一个直接用猛兽如老虎来表示了。汉至北朝时期镇墓兽的类型较多、地域性较强，但从文化渊源上来说，华夏传统和北方草原文化当是主要的两源，佛教的护法偶尔也产生影响，但都被赋予中国本土内涵，如唐墓中常见的天王俑，虽然连猪耳朵这个特征都不保留了，但其本质还是打鬼的方相氏。北方草原文化在镇墓兽上的影响因缺少实物而难以讨论，但近现代民族志的材料还是可以提供一些参考。至于有些学者根据东汉南朝陵墓地面石刻，认为南朝墓甬道中的狮子图、北朝墓中狮形镇墓兽都是西方影响的证据，这是不合适的，这些不如看成为佛教护法的影响更合适些。要想证明北朝镇墓兽受到了西方的影响，需要给出连续的实物证据，还需要说明中国赖以接受的思想条件。

典》等文献，将唐墓中出土的四件镇墓俑组合可靠地比定为四神——当圹、当野、祖明、地轴，[①] 这几个名称相当神秘，与其他陶俑被称为“音声队”“僮仆”“人物”很不一样，而且它们的尺寸也相差较大。不能肯定北魏平城时代已经有了唐代四神的概念，但四件镇墓俑组合与其他陶俑在形态与尺寸上的状况与唐代一样，所以同样不宜将他们混为一谈。

其三，出现隐士、滑稽人物壁画。石椁北壁即正壁弹琴拨阮的两位人物应该属于隐士之类的贤者。石椁西壁有两块石板，南边一块为三位前后相随、服饰一致的舞蹈状人物；北边一块的有两人，靠南一人作腾空舞蹈状，右手作势于口前，似与南边石板三位人物相和，靠北一人作仰面朝天状，但又很有动感，似是滑稽人物，惜不知身姿的具体含义；东壁也为两块石板，惜壁画漫漶不可辨识。虽然东壁壁画内容已不详，但根据北朝墓室或石椁壁画配置的一般原则，宋绍祖墓这座石椁正壁与两侧壁壁画的题材内容之间也应具有内在联系，具体说来，西壁舞蹈人物和那位可能系滑稽人物的举止大概都与正壁弹琴拨阮图有关，甚至有可能是配合琴阮奏鸣的舞蹈滑稽表演。壁画中所有人物的服饰都比较宽博，舞蹈人物的三叶冠和侧面形象，很容易让人想起南朝竹林七贤壁画墓中的羽人。发掘报告已经指出：“壁画中的人物衣饰形态极富汉晋特征，画师之笔法也颇为流畅娴熟，绘画中的奏乐场面或来自南朝，与当时广泛流传的‘竹林七贤’题材有关。”[②] 从这些迹象和推测来看，石椁三面可能都是乐舞表演场面，相互构成一个整体，以墓主的尸身为中心，共同表现的是一场以墓主为“人间仙者”的欢娱场面。不论这个推测是否有道理，但有一点是肯定的，类似的壁画题材和内容尚没有发现第二例。北朝墓室、石椁、石棺床壁画或画像石内容题材的基本状况是墓主夫妇端坐于正壁，两侧备马备牛车，在仆从的侍候下，准备踏上升仙之旅。因此，宋绍祖石椁的壁画是一个例外，它说明截止到宋绍祖下葬的年代，在墓葬壁画方面，平城地区还没有形成某种具有一定约束性的规定，还允许自由地表达，也就是说这个时期平城地区的墓葬礼仪制度还处于建设过程之中。从文献记载可知，在宋绍祖墓营建的年代，南朝文化已经对平城地区产生了影响，宋绍祖墓石椁壁画代表的大概是走在时代前列的一部分人，绝大多数人还是在传统的路上向前移步。

其四，石椁及其中的石棺床都面朝墓门。这与石椁两侧和前部的陶俑群构成一个和谐的整体，仿佛躺在石棺床上的墓主坐拥这个庞大的俑群。如果石椁、石棺床面向墓室侧壁，那么就与朝向墓门的俑群之间不那么协调。如果石椁、石棺床、俑群都面向墓室侧壁，那么呈前进状的俑群似乎要碰壁，所以也不合理。可以说，宋绍祖墓石椁和陶俑群的布局方式规定了它们只能面向墓门的。这种布局似乎与《魏书》卷七十三《杨大眼传》的记载有相合之处，“大眼妻潘氏，善骑射，自诣军省大眼。至于攻陈游猎之际，大眼令妻潘戎装，或齐镳战场，或并驱林壑。及至还营，同坐幕下，对诸僚佐，言笑自得，时指之谓人曰：‘此潘将军也。’”[③]

---

① 王去非：《四神、巾子、高髻》，《考古通讯》1956 年 5 期，页 50 ～ 54；程义：《唐宋墓葬里的四神和“天关”、“地轴”》，《大众考古》2015 年 6 期，页 64 ～ 67。不过程义先生说：“罗振玉先生最早把唐墓中常见的镇墓兽和文献中的‘方相氏’联系起来，后来的考古发现证明这一认识是错误的。”这个说法不甚妥当，汉代镇墓兽、北魏四件一套的陶镇墓组合、唐代的四神可以连成一个序列，其中镇墓武士的耳朵从猪耳变成人耳正说明与方相氏的关系。唐代的镇墓武士看上去已经完全是个人的样子，但其本身还是镇墓的方相氏。

② 《大同雁北师院北魏墓群》，130 页。

③ 《魏书》卷七十三《杨大眼传》，页 1634。

这可能是宋绍祖墓与尉迟定州墓、田村墓的石椁或石棺床朝向都不一样的原因所在，即宋绍祖墓石椁可能更多地象征着公堂而不是私寝，但这在本质上又是与墓葬作为墓主的私密空间相矛盾的。如果是前后室墓的话，如司马金龙墓，石棺位于后室，朝向后室侧壁，就很符合前堂后寝的规制。如果是长方形墓的话，前面放置随葬品，后面放置棺木，也不存在问题。但近方形单室墓而不是长方形墓成为曹魏以后官员墓葬的主流，棺木如何放置的问题已经出现，不过还不很严重，还可以通过将夫妇棺木分别放置在墓室两侧壁下的方式解决。但5世纪中期将石椁或石棺床抬进墓室后，这个问题就很严重了。一个墓室之中不可能放置两个石椁或石棺床，而且放置在墓室正壁下或侧壁下的象征性也不同。放在侧壁下象征寝室的理由很充分，放在正壁下于理也并非无据，如前述杨大眼事迹，而且家宅的正堂的确又带有一定的"公共"性质，是显示家长权力、举办家庭礼仪活动、对外接待的重要场所，所以经常造得很宏阔。如《魏书》卷九十三《恩幸·王叡传附子椿传》："初椿于宅构起厅事，极为高壮。时人忽云：'此乃太原王宅，岂是王太原宅。'"[①]《魏书》卷九十四《阉官·刘腾传》载："腾之初治宅也，奉车都尉周特为之筮，不吉，深谏止之，腾怒而不用。特告人曰：'必困于三月、四月之交。'至是果死，厅事甫成，陈尸其下。"[②]又如，《魏书》卷九十三《恩幸·赵修传》载："每受除设宴，世宗亲临其宅，诸王公卿士百僚悉从，世宗亲见其母。"[③]但不管怎么说，棺床毕竟是床，其私密性是不可能抹杀的；北方民族再开放，夫妇的地位再平等，在采用了汉式石椁或石棺床后，也得受到汉人传统观念的影响，于是，只要将石椁或石棺床置于墓室正壁下，就总不那么合乎情理。这个问题不仅在北魏平城时代，就是在后来的洛阳时代直至隋代都没有解决好，直到唐代一直将石椁放置在墓室右侧且面向墓室左侧壁，陶俑和其他随葬品位于墓室左侧，陶俑面向墓门，才算告一段落。这个问题的起头基本就可以说就是宋绍祖墓，于此可见其重要性。（图 17、18、19）

综合以上分析，5世纪中后期平城地区北魏墓葬呈现的主要特点可归纳如下：一，鲜卑旧俗的逐渐淘汰，其中以殉牲最突出；二，墓葬等级制的初步形成，还只限于身份非常高的人物，且体现陶武士俑、仪仗俑等有限的方面；三，出于改进旧俗的原因，出现了不少与汉晋墓葬形制或随葬品相似的特征，但不是对汉晋之制的刻意恢复；四，墓室的汉式居室化现象十分突出。

二、消失了的墓葬文化因素

5世纪中后期是平城地区北魏墓葬面貌不断发生变化的时期，有许多文化因素消失了，这同样是观察北魏平城时代历史文化变迁的重要材料。以消失的因素为讨论对象，就必须进行比较。本文以5世纪中后期为讨论的时段，就应以5世纪中期为背景去观察5世纪中期进入后期时候所发生的变化。检查考古资料可以发现，由5世纪中期转入后期，墓室壁画和棺板画题材的转变最引人注目。

---

① 《魏书》卷九十三《恩幸·王叡传附子椿传》，页 1993。

② 《魏书》卷九十四《阉官·刘腾传》，页 2028。

③ 《魏书》卷九十三《恩幸·赵修传》，页 1998。

图 17 宋绍祖墓骑马武士俑

图 18 宋绍祖墓骑马武士俑兽

图 19 宋绍祖墓骑镇墓兽

5 世纪中期的壁画墓葬有大同云波里墓、全家湾 M9（图 20、21），棺板画有大同南郊北魏墓 M229、M253。出土棺板画的大同智家堡北魏墓被毁坏（图 22、23），棺板画的形式和内容与大同南郊北魏墓 M229、M253 的很相似，其年代也很可能是 5 世纪中期。5 世纪后期的壁画墓不多，年代可以肯定的有大同文瀛路墓和前述宋绍祖石椁壁画，推断年代属于 5 世纪后期的是大同智家堡北魏石椁壁画墓，[①] 大同湖东一号墓 [②] 出土了与固原北魏墓相似的漆棺画，也可能是 5 世纪后期的墓葬。

5 世纪中期墓室壁画的主要题材有墓主夫妇端坐图、宴饮图、狩猎图、劳作图、杂技图以及镇墓武士、镇墓兽图等。棺板画的题材比墓室壁画要简单点，但宴饮、狩猎同样是重要的题材，所以下面的讨论不对墓室

图 20 大同智家堡沙场北魏墓棺板画

图 21 云波里墓侧壁壁画

① 王银田、刘俊喜：《大同智家堡北魏墓石椁壁画墓》，《文物》2001 年 7 期，页 40 ～ 41。

② 山西省大同市考古研究所：《大同湖东北魏一号墓》，《文物》2004 年 12 期，页 26 ～ 34；宁夏固原博物馆：《固原北魏墓漆棺画》，宁夏人民出版社，1988 年。

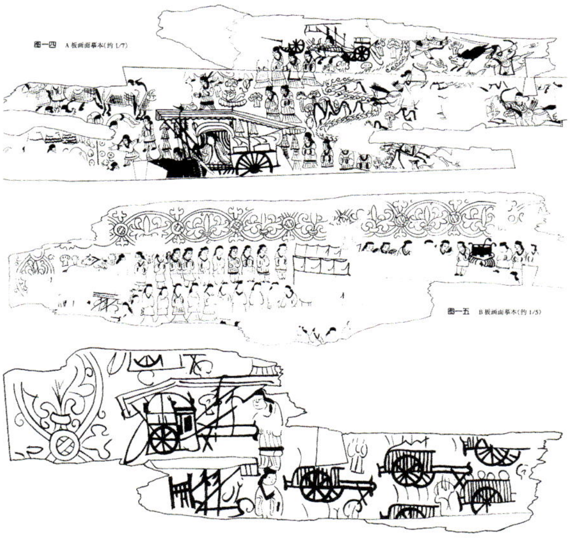

图 22 棺板画线描图

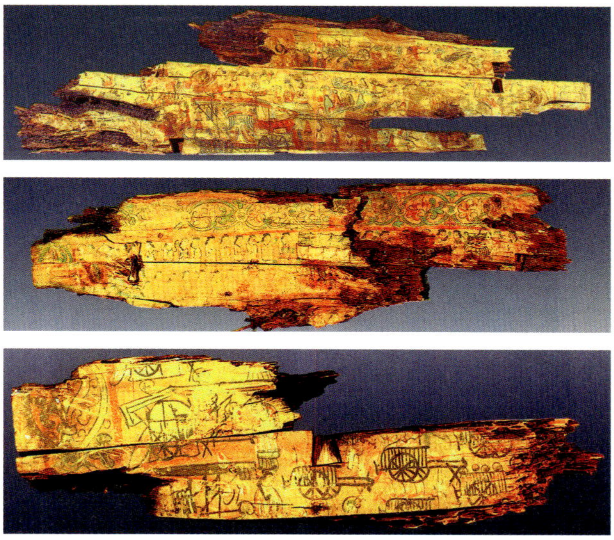

图 23 智家堡墓棺板画

壁画和棺板画作区别。5 世纪后期只有文瀛路墓为墓室壁画，但破坏严重，只能大致看出墓室上部为天象，其下为仿木梁拱，棺床上有胡人牵骆驼等图像，北、西两棺床之间的立墙上有侍者形象，其他图像脱落。从侍者面向墓室北壁来看，墓室北壁脱落的画像可能为墓主夫妇图。甬道中有作天王状的力士，但长着一副猪耳朵很相似，表明其还是镇墓的方相氏，只是形象上借鉴了其他宗教的天神而已。（图 24、25、26、27、28）宋绍祖石椁壁画已见前述。具有范式意义的是智家堡石椁壁画，其布局谨严，正壁为墓葬夫妇端坐图，两侧分别为男侍、女侍图，与正壁相对的墓门所在壁面为备牛车备鞍马图和侍女图。（图 29）这种布局方式在北朝后期为墓室壁画、石椁壁画、石棺床画像的基本布局方式，因此智家堡石椁壁画不但具有代表性，而且时代上与北朝后期接近，这是将其年代设定在 5 世纪后期的主要原因。当然，5 世纪中期的尉迟定州石椁中没有壁画，其他墓室壁画也都不是这种题材和布局，也是将智家堡石椁壁画墓的年代推定在 5 世纪后期的理由。

由上可知，从 5 世纪中期进入后期，宴饮图、劳作图、百戏图、狩猎图消失了，这几种题材分别代表汉晋文化和草原文化，几种题材的消失不是寻常之事，虽不能说是两种文化的消失，但两种文化在现实生活中的重要性可能已大打折扣。

百戏多作为宴饮时的表演项目。表现踏碓、汲井、饲养牲畜等劳作场景的壁画后来似乎也消失了，但模型陶器中仍有所见。因此真正消失了的是宴饮图和狩猎图，所以需要对这两种题材进行讨论。还需要说明的是，大同地区北魏墓葬材料还处于积累之中，北魏墓葬面貌还没有完整地呈现出来，比如说，5 世纪中期墓葬中尚没有发现出行图，从仝家湾 M9 和云波里墓狩猎图的位置分别相当于大同沙岭 7 号墓出行图所在，可窥知出行图在 5 世纪中期已经处于衰微之中，但原来与出行图共存的宴饮图、百戏图在 5 世纪中期还有踪迹可寻，或可推测出行图在 5 世纪中期大概仍然未完全消失，这个题材的真正消失大概是在 5 世纪后期。这样，进入 5 世纪后期，平城地区北魏墓葬文化因素中消失的当主要是出行图、宴饮图、狩猎图三种题材，这三种题材均具有重要的社会意义，下文将集中讨论这三种图像的含义、消失原因与意义。

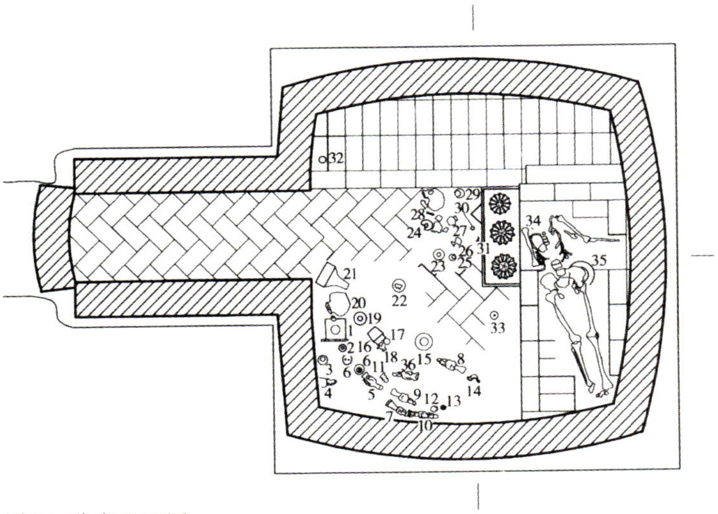

图 24 墓室平面图

先讨论出行图。

严格说来，出行图不是消失，而是被替代，替代出行图的是仪仗俑群。出行图曾经是东汉墓室壁画最重要的题材，具有写实性，是墓主人生前身份地位的直接象征。东汉时期主要以车马表现出行场面，十六国时期发展成为卤簿图——大型武士、仪仗手簇拥墓主前行的军阵行列，这是由于从东汉进至魏晋十六国，墓主的身份多由单纯的行政官员变为带将军号官员的缘故。朝鲜安岳郡的冬寿墓[①]中便有完好保存至今的十六国时期卤簿图，北魏平城时代早期的大同沙岭 7 号墓所见浩大的出行图就是十六国卤簿图的延续。大概在 5 世纪中后期之交陶俑兴起后，出行图面临了危机。武士、仪仗俑出现后，出行图就得退出历史舞台了。[②]这不仅是因为壁画表现等级的能力不如陶俑，且出行图与代表出行的武士、仪仗俑群无需彼此重复，还可能是因为如上文所述，

① 洪晴玉：《关于冬寿墓的发现和研究》，《考古》1959 年 1 期，页 27 ～ 36。

② 平城时代后期和北魏洛阳时代的墓葬中都不再见到出行行列，只是在东魏北齐墓葬的甬道壁画中才重新出现，并在隋唐时期得到延续，但这些出行行列的主旨是墓主升仙，与直至沙岭七号墓为止的现实主义出行场景的性质并不一致。虽然那些甬道壁画也体现墓主身份等级，但从《唐六典》等文献记载看，政府对等级方面加以规范的是陶俑而非壁画，于此可见陶俑具有鲜明的等级意义。

图 25 墓室下部壁画

图 26 墓室上部壁画

图 27 甬道壁画

图 28 棺床前的胡人牵驼图

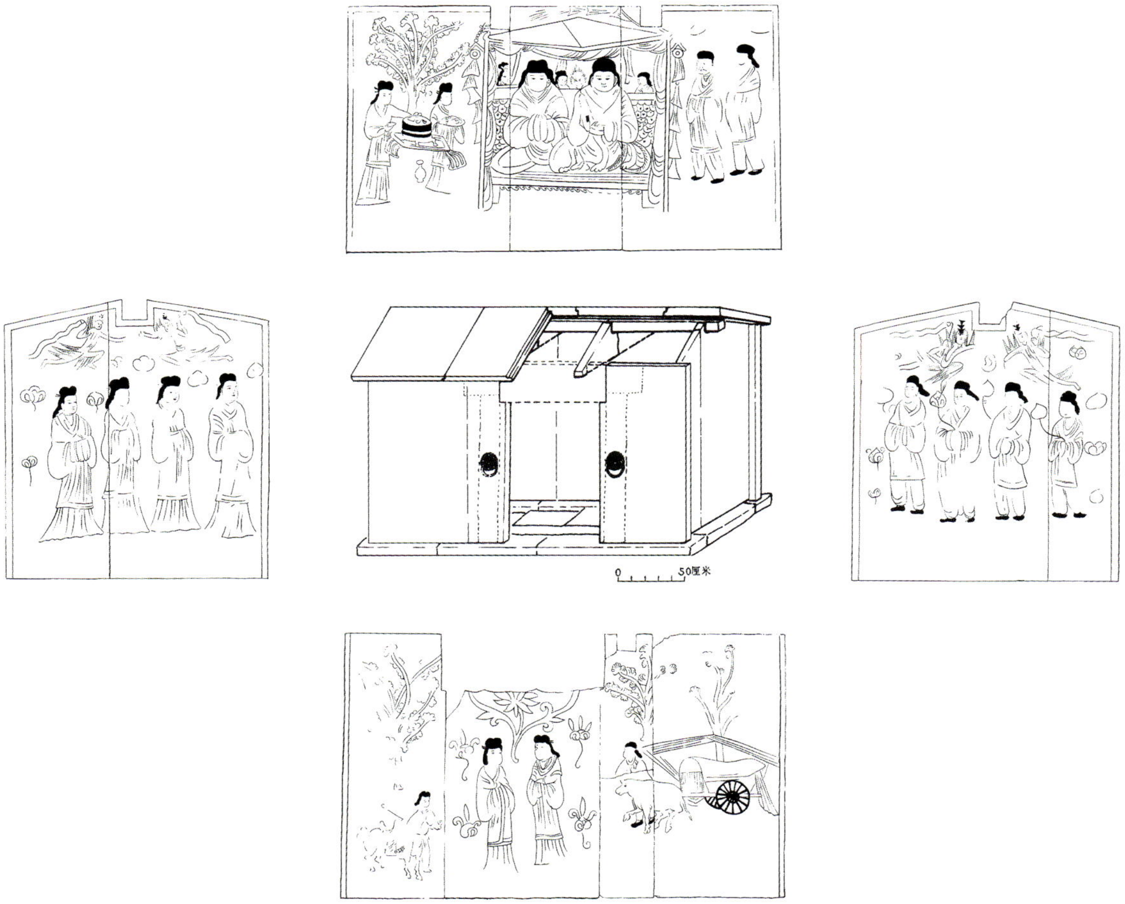

图 29 智家堡墓石椁壁画

北魏政权将武士、仪仗俑群作为体现等级制度的手段，而且政府将陶俑制好后按身份赐给死者。[1] 宋绍祖墓、司马金龙墓葬中都没有发现出行壁画，可能就是这个缘故。

5 世纪后期平城地区开创的陶俑出行行列，比以往的出行图以及同时期南朝流行的“卤簿图”[2] 更加形象，更能满足北魏统治阶级的权势至上的心理。这一创制直接影响了北朝后期、隋唐时代的墓葬面貌。不仅如此，在条件允许的地区，武士、仪仗俑还从墓室蔓延至墓道两侧的小龛中，由此也造成了墓室空间的私密性进一步被削弱。如《唐六典》《大唐开元礼》等文献所示，政府对官员随葬用品的种类、数量的规定越来越细，

① 云波里墓和仝家湾 9 号墓壁画中都没有出行图，可能与墓主身份不够高有关。从宋绍祖墓、司马金龙墓看，能够使用出行图的都是高级贵族。只要高级贵族需要用仪仗表现身份，那么，用壁画还是用陶俑表现只是个方式问题。所以，在 5 世纪中期的云波里墓和仝家湾 9 号墓中没有见到出行图，与狩猎图和宴饮图在 5 世纪后期的消失不一样，前者是身份因素在起作用，后者是社会因素在起作用。

② 周一良：《卤簿图》，载氏著《魏晋南北朝史札记》之《宋书》札记，中华书局，1985 年，页 165。

具有等级制意义的陶俑成为随葬品的重心所在，壁画越来越用于表现生活场景。壁画与随葬品分途而具有互补关系，是北魏平城时代后期开启的重要历史现象。

其次讨论宴饮图。

宴饮图在汉代墓室壁画和画像石中都是很重要的题材，而且所占面积较大，所在位置也比较重要。如密县打虎亭汉墓 1 号墓为画像石墓，北耳室西壁是女性饮宴图，2 号墓为壁画墓，中室北壁上部是大型的宴饮图，并有百戏表演（两座墓皆朝南）。[①] 和林格尔汉墓中室北壁和西壁下为庖厨宴饮图（墓朝东）。[②]5 世纪 30 年代的大同沙岭 7 号墓中，宴饮图还占据了墓室近一面侧壁。相当于 5 世纪中期的大同智家堡北魏墓、大同南郊北魏墓 M229、M253 棺版画上也有大幅的宴饮图。不过，同样是 5 世纪中期的云波里墓中，宴饮图已被压缩后安排在墓室正壁墓主画像左侧的中上部，对应于沙岭 7 号墓的墓壁已被狩猎图所代替。仝家湾 9 号墓中则没有发现宴饮图。可见宴饮图在 5 世纪中期已经遭遇到危机，这是 5 世纪后期迅速式微的前兆。那么，是什么原因造成这种传统题材走向了穷途末路？或者说，宴饮图究竟是因其具有什么样的性质而被淘汰了？

汉代墓室壁画和画像石的题材非常丰富，天象、祥瑞、庖厨、宴饮、动植物、乐舞百戏、迎迓、庄园、劳作、历史人物故事等各种内容应有尽有，而且宴饮和庖厨之间具有明显联系，所以宴饮图也被归入“现世家居生活”[③] 这一类中，但是，如果我们对汉代宴饮方面的规定有所了解的话，就会发现，汉代的宴饮活动不是寻常的一顿大吃大喝，其中既贯穿礼仪制度，也有明确的社会目的，其得以施行还需要一定的社会基础。

汉代是对社会控制极严的时代。《汉书》卷四《文帝纪》即位诏书中“酺五日”条文颖注引有这样一条逸文：“汉律，三人以上无故群饮酒，罚金四两。”[④] 据《汉书》卷八《宣帝纪》“五凤二年秋八月条”的诏书，禁止群饮的汉律的确存在。诏书曰：“夫婚姻之礼，人伦之大者也；酒食之会，所以行礼乐也。今郡国二千石或擅为苛禁，禁民嫁娶不得具酒食相贺召。由是废乡党之礼，令民亡所乐，非所以导民也。《诗》不云乎？‘民之失德，乾餱以愆。’勿行苛政。”[⑤] 宣帝指责有些郡国守相借禁止无故群饮的规定，不允许结婚时办酒席。在确认三人以上无故不得群饮的法律条文之外，这里特别值得注意的是宣帝所给出的原因，那就是“酒食之会，所以行礼乐也”，即施行用以“导民”的“乡党之礼”。对此可予支持的文献记载很多，比较典型的就是文帝即位时的诏书：“朕初即位，其赦天下，赐民爵一级，女子百户牛酒，酺五日。”[⑥] 西嶋定生对此有精彩的分析：赐爵要举行相应的礼仪活动，对于不授予爵位的女子，按照一里百户的标准赐牛一头、酒十担，这些牛、酒是赐爵活动中的消费品，乡里集中饮酒活动可以持续五天，通过这些活动，庶民接受了礼仪教育，乡里秩序得到维持，接受爵位牛酒的庶民与给予赏赐的皇帝之间发生了直接的联系，从乡里至朝廷整个国家秩序因

---

① 河南省文物研究所：《密县打虎亭汉墓》，文物出版社，1993 年。

② 内蒙古自治区文物考古研究所：《和林格尔汉墓壁画》，文物出版社，2007 年。

③ 黄惠贤：《汉代墓室壁画研究》，文物出版社，2008 年，页 217。

④ 〔汉〕班固撰，〔唐〕颜师古注：《汉书》卷四《文帝纪》，中华书局，1964 年，页 110。

⑤ 《汉书》卷八《宣帝纪》，页 265。

⑥ 《汉书》卷四《文帝纪》，页 109。

此也得到了肯定。[1]概括起来说，行礼乐则百姓尊卑有序，百姓尊卑有序则社会自然稳定，因此，寓礼乐于酒食之会，政府有着明确的目的。

上述在乡里举行的群饮活动实际上就是先秦文献中所说的乡饮酒礼。乡饮酒礼本起源于氏族聚落的会食，[2]随着历史的发展，由会食发展成了群饮。我们在前面已经指出汉代进行这种群饮活动的目的在于维持乡里秩序，但我们还需要回答为什么汉代如此汲汲于维持乡里秩序。其原因在于，战国秦汉实行编户齐民的政策后，这种古礼本应该随着氏族组织的解体而消失。但是，战国秦汉逐渐建立起来的中央集权还是很粗朴的，对基层社会还不能做到完全彻底的控制。氏族虽亡，宗族组织虽经解散，但并不消失，在适当的条件下还会重新发展起来，承担起政权不能也无法承担的责任。汉中央政府认识到基层社会需要宗族的支持，所以转而主动提倡并从物质上支持会饮之礼，这就是汉代常见的牛酒群饮之会。宗族虽然是牛酒群饮之会的实际承担者，但政府是以地域即以乡为单位将乡民组织到一起，其中自然包括不同的宗族或散户。由于姻亲关系，不同的宗族和散户最终还是能攀上各种亲缘关系，被安排到统一的宗亲体系中去。宗亲秩序在乡里的存在，是政府倡导的牛酒群饮之礼得以实行的基础。职是之故，乡饮酒礼虽源于上古，但汉代特别受到重视并发展出若干新内容来。

在上述历史背景下再考察墓室壁画或画像石中的宴饮图，不论是乡饮酒，或嫁娶之事，或其他类型的宴饮活动，在乡里举行的各种会饮活动的进行都有政府的监控，都贯穿着礼乐教化目的，都具有明确的宗族色彩。那么，上文列举的打虎亭汉墓、和林格尔汉墓墓主的身份都很高，其中的宴饮图是否还会具有礼制与宗族色彩呢？回答是肯定的。首先，从同样作为主要内容并具有礼制意义的车马出行、墓主（夫妇端坐）图可以推知，这些墓葬中的宴饮图所表现的也不是随意的吃喝，而是具有礼制意义的宴饮。《魏书》卷一百九《乐志》载："（天兴）六年（408）冬，诏太乐、总章、鼓吹增修杂伎，造五兵、角觝、麒麟、凤凰、仙人、长蛇、白象、白虎及诸畏兽、鱼龙、辟邪、鹿马仙车、高絙百尺、长趫、缘橦、跳丸、五案以备百戏。大飨设之于殿庭，如汉晋之旧也。太宗初，又增修之，撰合大曲，更为钟鼓之节。"[3]墓室壁画中包含百戏内容的宴饮图都不应是寻常饮食之事。其二，宴饮图在这类墓葬中不但面积大，而且所占据的是重要显眼的墓壁。巫鸿说墓葬是个礼仪空间，如果接受这个说法的话，宴饮图所占据的则是礼仪空间中的重要部分。其三，汉代壁画墓和画像石墓都是由社会下层向上层扩展的墓葬类型，宴饮图又是较早出现的壁画题材，这就使得这一题材一开始就带上礼制色彩，宗族和乡里凝聚成为宴饮图的基本精神。再次，汉代郡县政府由中央派守、令、丞、尉与地方强宗大族领袖人物共同构成，守、令、丞、尉职责的完成有赖于地方强宗大族的积极配合，西汉时如此，东汉时更加如此，"州郡记，如霹雳，得诏书，但挂壁"就是东汉地方强宗大族在地方行政中具有超过皇帝诏书的威力的形象表达。因此，东汉墓室壁画中的宴饮图无论是作墓主与属僚的聚饮解，还是作节日的狂欢解，抑或作家族内部的会饮解，于公于私，宗族的影子是始终挥之不去的。

---

① 西嶋定生著，武尚清译：《中国古代帝国的形成与结构——秦汉二十等爵研究》，中华书局，2004 年，页 381 ～ 396。

② 杨宽：《"乡饮酒礼"与"飨礼"新探》，载于《古史新探》，中华书局，1965 年，页 280 ～ 309。

③ 《魏书》卷一百九《乐志》，中华书局，1974 年，页 2828。

宴饮在汉代拥有其他时代所不具备的内涵，宴饮的主要作用在敦亲睦邻、和合地方社会，是“成人伦、助教化”的基本手段，而不仅仅是口腹之欲的满足。这是汉代宴饮图的特殊之处，这个特殊之处是由汉代社会宗族势力强大的特殊性造成的，也是其在墓室壁画中成为一种格套、成为具有纪念性题材的原因所在。

政府倡导于上并给予物质支持，乡里宗亲体系已然存在并运作于下，政府与乡里二者之间互相援助，使乡饮酒礼维持两汉数百年而不坠。十六国以后，政府的倡导和支持作用已无从谈起，宗族组织接替了政府的原有功能，在乡里担负起维持秩序、物资供应和举行礼仪活动的全部责任，保证了乡饮酒礼的继续。唐长孺先生指出：宗族组织在十六国时期的北方地区“是当时最活跃和最可靠的社会基层力量”，[①] 这些宗族组织因战乱而采取坞堡方式聚集在一起，“无论是本地大姓豪族就近择险屯守的坞堡，还是保聚异乡的流人坞堡，都是战乱时的一种特殊组织。坞堡主人对于统率的群众，既是家长，又是领导者。所以群众都是他的领民，又是包括子弟宾客的家族组成的武装即家兵和部曲。……林立于黄河流域的坞堡组织随着北方走向统一，有的被消灭，有的自行解散。但坞堡可以消失，坞堡赖以建立的宗族乡里组织却依然存在。北魏前期不置乡官，而建立以宗族为基础的宗主督护制，正是对北方实际情况的承认，也是拖着氏族制残余的鲜卑拓跋贵族所能理解的基层组织形式。”[②] 但是，如果宗族组织在乡里的作用遭到破坏的话，就会最终导致从墓葬壁画中的消除，不幸这个情况就在 5 世纪中后期的平城地区发生了。

平城是由移民而形成的庞大城市，草原其他民族或部族，或者出于自愿，或者像被征服的北方汉人一样，被强制迁移到平城附近，不论自愿与否，这些外来人口的原有社会组织不复存在，北魏政权将他们按照新方式安排在平城周围，具体说来如《魏书》卷一百一十《食货志》所载：“天兴初，制定京邑，东至代郡，西及善无，南极阴馆，北尽参合，为畿内之田；其外四方四维置八部帅以监之，劝课农桑，量较收入，以为殿最。”[③] 迁移到平城附近的主要是原北方各地的农民，所以这段文字以劝课农桑为重点，实际上也应包括迁来的草原游牧民。农民和游牧民都不再隶属于原来的宗族或部落，政府计口授田，规定他们不得随便迁徙，因此，这些农牧民实质上已经变成国家直接管理下的农牧奴。八部帅也不是这些农牧奴的部落大人，而是北魏政权派出的地方官。拓跋贵族们在平城附近自然拥有许多牧场和耕地，从事农牧的主要不再是自己原来的部族民，而是因战功或债务而得到的奴隶或隶户。当然，相对于被征服被迁移到平城附近的农业人口，鲜卑牧民虽经历了离散部落，但宗族关系却不是能轻易消除的，还有不少其他草原民族，他们的部落组织则还较好地保留着，会饮之事也为必不可少，这大概是 5 世纪中期的智家堡等棺板画宴饮图依然生动如初的原因所在。但随着北魏政权控制力的加强，随着农业生产重要性的不断提升和牧业重要性的不断下降，随着平城地区城市化水平的提高，牧业生活在现实生活和墓葬壁画艺术中的表现机会都在变得越来越少。至于迁移到平城附近的被征服地区的农民，在北魏政权强有力的管控下，上文所说的宗主督护制对它们并不适用，他们实际上已率先被编入后来北魏实行的三长制下，他们主要与北魏政府在平城的基层社会组织而不是原有的宗族发生

---

① 唐长孺：《魏晋南北朝隋唐史三论——中国封建社会的形成和前期的变化》，武汉大学出版社，1993 年，页 116。

② 同上，页 117、118。

③ 《魏书》卷一百一十《食货志》，页 2850。

关系了。在这个状况下，与宗族组织密切关联的乡饮酒礼不能不走向衰落，在墓室壁画中的消失也只是个时间问题。此外，文成帝太安四年（459 年）“初设酒禁”也堪注意。这次酒禁的开禁年代有不同记载，《魏书》卷一百一十一《刑罚志》记载：“显祖即位……开酒禁。”其时为 466 年。《通典》卷一六四则记为孝文帝开酒禁，则其最早时间为 471 年。《通典》记载当时的情况是“文成帝太安中，以庶士多因酒致酗讼，制禁酿酒，沽、饮皆斩，吉凶宾亲则开禁，有日程。”① 酒禁的时长大约 7 到 10 年，这段时间恰好是 5 世纪中期向后期的过渡阶段，或许对墓室壁画题材也产生了影响。

最后讨论狩猎图。

以往的研究基本都将狩猎图作为现实题材加以研究，或视为北方民族狩猎习俗的延续，或视为体育运动，或视为以动物皮肉为目的经济活动，或二者有之，② 对这些狩猎活动可能具有军事性质有所忽略，也未言及这些狩猎图有可能描绘了相当于古代军礼的大蒐礼。

大同云波里路墓室左壁（南壁，该墓朝西）为狩猎图“以一条‘V’字形河流为界，将画面分为三部分”。猎者服色统一，皆作戎装，特别是右侧画面所描绘的 5 名人物，3 名着红色条纹袍，1 名着白袍，1 名着红袍，似乎相互配合进行狩猎。画面中部特别高大的树木表明这里应为一处高地，树下的人物是狩猎指挥官。③ 大同南郊仝家湾 M9，为和平二年（461 年）梁拔胡墓。墓室左壁（东壁，该墓朝南）为大型的狩猎图，在起伏的山峦之中，矫健的骑手成排驱逐射击野兽，仿佛一场战争。④ 大同南郊北魏墓群 M229 发现的棺板画也有狩猎图，且较为完整，上栏为忍冬纹，下栏为通幅的狩猎图。狩猎图长约 150 厘米，其中既有弯弓搭箭、双马并驰的人物，也有骑于马上、执矛刺虎的勇士，场面相当宏大。⑤ 这几座墓葬的年代都在 5 世纪中期，这个时期显然是狩猎壁画比较流行的阶段，这与本阶段北魏社会初步稳定，能够用绘画方式表现北方民族的社会生活有关。如果结合文献来看，这些狩猎图还与大蒐礼，即具有军事检阅、演习性质的狩猎活动有关。文献中关于大蒐性质的狩猎活动有明确记载，如《魏书》卷二十九《奚斤传》载：“太宗大阅于东郊，治兵讲武，以斤行左丞相。大蒐于石会山。”⑥ 又如《魏书》卷二十八《和跋传》载：“后世祖蒐狩之日，每先祭之。”⑦ 再如《魏书》卷二十八《古弼传》载：“世祖大阅，将校猎于河西。”⑧ 大同南郊仝家湾 M9 墓主梁拔胡官职为“（散）骑常侍选部□□安乐子”，“选部”后面的二字疑为“尚书”。梁拔胡的身份相当高，他有资格参与皇帝主持

---

① 以上据程树德《九朝律考》卷五《后魏律考下》，中华书局，1963 年，页 386 页。

② 韩国学者在经济目的之外，还提出狩猎活动具有抓捕祭仪用动物的目的，见《我们 2000 年的邻居——中国辽宁文物暨壁画摹本展》，首尔大学博物馆，2001 年，第 27 页。

③ 大同市考古研究所：《山西大同云波里路北魏壁画墓发掘简报》，《文物》2011 年 12 期，页 13 ～ 25。

④ 山西省考古研究所、大同市考古研究所：《山西大同南郊仝家湾北魏墓（M7、M9）发掘简报》，《文物》2015 年 12 期，页 4 ～ 22。

⑤ 山西大学历史文化学院等：《大同南郊北魏墓群》，科学出版社，2006 年，彩版二～四。类似的棺板画还可以见于大同智家堡北魏墓、乌兰察布市四子王旗出土的棺材左侧板、和林格尔出土的墓室壁画，但墓葬年代都不明确。

⑥ 《魏书》卷二十九《奚斤传》，页 698。

⑦ 《魏书》卷二十八《和跋传》，页 682。

⑧ 《魏书》卷二十八《古弼传》，页 692。

的狩猎活动。壁画描绘的或许是梁拔胡曾经参与的一次军事性的大型集体狩猎活动。

根据有关文献记载可知，大蒐礼性质的狩猎活动以献成帝时代也即冯太后掌权为界出现明显断层。太祖道武帝、世宗明元帝、世祖太武帝时期、高宗文成帝四朝连续进行大蒐活动，几乎每隔两、三年就举行一次。献文帝时代开始次数减少，且几乎都是在平城附近而非河西、阴山等偏远艰苦之地进行。476 年冯太后携孝文帝秉政后，直至迁洛（493 年）的 17 年间，大蒐活动完全停顿。

这是一个不可忽略的历史变化，具有深刻的历史背景，它与北魏军队的来源和组织状况的变化有直接关系，也与北魏赖以立国的经济形态发生变化直接有关。

之所以具有大蒐礼性质的狩猎图多见于平城时代中期，这个时期的军队还没有完全国家化是重要原因。何兹全《府兵制前的北朝兵制》一文指出北魏前期为部落兵制，“氏族部落的解体，有一个较长时期的自然发展变化过程。登国年间散诸部落同为编户，只是拓跋氏族部落解体的开始，在拓跋珪、拓跋嗣、拓跋焘祖孙三代及随后的一个时期，拓跋氏的部落组织仍然存在着。北魏的兵，仍然是以拓拔氏部落联盟为主的部落兵。”何兹全随后引长孙嵩、娄伏连、陆俟三人的传记，指出：“（三人）都是拓跋氏部落联盟中的一些部落酋长。他们都是以部落酋长的身份，带领部落战士跟随拓跋珪到处征战。”[①] 唐长孺与何兹全有近似的观点，“（北魏）前期兵制与十六国诸政权大致相同，最基本的一点便是以拓跋族为主力和骨干并包括附从诸部落组成军队。”关于十六国兵制，唐长孺说：“十六国时期，建立政权的少数族无不以本族成员作为军队的骨干。以本族部民为基础，并有大量附从部落参加而组成的部落军，是十六国少数族政权的基本军事力量。无论是本部族，还是附从部族，均采用普遍征兵的方式。当兵是部落民的义务和权利，他们正是以所有部落民都有兵役义务的观点，来对待统治区域内的汉人，在大规模军事行动时普遍征发汉族民丁当兵。”[②] 可以作为这个论述注脚的是，明元帝拓跋嗣永兴五年（413 年）：“大阅，畿内男子十二以上悉集。”[③] 这与太武帝延和元年“大简舆徒于南郊”[④] 的记载也属于同一性质。两则记载可与《木兰辞》中的“昨夜见军帖，可汗大点兵”相互印证。这在北魏早中期不是偶然的行为，而是当时兵民尚未完全分离、全民皆兵制的真实写照。这样征集上来的军队，在正式参战前，必须经过一定的训练、磨合，狩猎则是最好的办法。在狩猎前后检阅军实、训练士卒、熟悉号令、演练战法，以期做到“昭文章、明贵贱、辨等列、顺少长、习威仪”，[⑤] 这当然就是所谓的“大蒐礼”。这也与北魏前期战争频繁、战士减员严重、亟需补充兵员有关。大蒐是将部落民变为合格战士的快捷有效方法。北魏冯太后掌权后，北魏国家转向文治，对军队的重视程度相对下降。汉人充当正规兵士，又使得部落兵重要性降低。南北形势的逐渐安定，也在削弱着军队的重要性。孝文帝迁都洛阳后上述现象更加严重，若非因迁都洛阳需向南方拓土，孝文帝可能一次都不会亲自主持讲武活动。因此，具有大蒐礼性质的狩猎活动在北

---

① 何兹全：《读史集》，上海人民出版社，1982 年，页 318。

② 唐长孺：《魏晋南北朝隋唐史三论》，武汉大学出版社，1993 年，页 189、190。

③ 《魏书》卷三《太宗纪》，页 52。

④ 《魏书》卷四《世祖纪上》，页 80。

⑤ 《左传》隐公五年臧僖伯言，见〔周〕左丘明传，〔晋〕杜预注，〔唐〕孔颖达正义：《春秋左传正义》，北京大学出版社，2000 年，页 108、109。

魏平城时代晚期墓室壁画中的消失有着特定的历史原因。

另外，北魏建国初期就对粮食产生大量需要，因此开展屯田、移民垦殖等措施，如《魏书》卷一百一十《食货志》所言："太祖定中原，……然经国之先，以食为本，使东平公仪垦辟河北，自五原至于棝阳塞外为屯田。……既定中山，分徙吏民及徒河种人、工伎巧十万余家以充京都，各给耕牛，计口授田。天兴初，制定京邑，东至代郡，西及善无，南极阴馆，北尽参合，为畿内之田；其外四方四维置八部帅以监之，劝课农耕，量校收入，以为殿最。又躬耕籍田，率先百姓。"[①] 随着北魏对原华夏民族农业地区控制的深入，均田制、三长制等制度的推行，北魏农产品的收获量越来越大，狩猎活动的经济意义越来越弱。因此，大蒐的兴废实际上反映了北魏政治和立国方针的变化，[②] 狩猎图的消失是这种社会变化在丧葬活动中的表现，同时也是一种古礼的消失。[③]

三、历史进程中的5世纪中后期平城地区墓葬文化

通常情况下，皇权时代的君主不仅主导着政治而且也主导着文化的方向。从5世纪中期开始，北魏连续三位皇帝的谥号都含有"文"字，他们分别是文成帝、献文帝、孝文帝，与此相映成趣的是，之前的皇帝太武帝，之后的皇帝宣武帝，都有"武"字。谥号是当世人对已故者的总体评价，很多时候顾忌到各种因素，不一定如实反映被谥者的真实生平，但对照文献记载看，北魏三代以"文"为谥皇帝的生平与谥号颇为相符。太武帝基本完成了以武建国的大业，从文成帝开始北魏开始进行各种文化建设活动。考古发现的5世纪中期墓葬面貌的变化，首先可以放在这个视角下加以理解。

献文帝和孝文帝亲政之前都在文明太后的卵翼之下，所以真正值得关注的是文成帝和文明太后。关于文成帝，《魏书》卷五《高宗纪》文末史臣曰："世祖经略四方，内颇虚耗，既而国衅时艰，朝野楚楚。高宗（引者注：即文成帝）与时消息，静以镇之，养威布德，怀缉中外。自非机悟深裕，矜济为心，亦何能若此！可谓有君人之度矣。"[④] 张金龙说得更加明白："文成帝在位时期正当北魏中叶，北魏历史处于重要的转折关头，

---

① 《魏书》卷一百一十《食货志》，页2849～2850。

② 拙文《珍贵的大蒐礼图像》，载于《将毋同——魏晋南北朝图像与历史》，上海古籍出版社，2019年，页151～164。张金龙：《北魏政治史》（四）第五卷第二章"太武帝的出巡活动——附论北魏畜牧业与狩猎图"，甘肃教育出版社，2008年。

③ 北魏平城时代不足一百年的时间内走了华夏民族两三千年才走完的路，所以，北魏社会的很多现象都具有深刻的内涵，需要仔细辨别。北魏历史进入到一定的阶段后，出现与华夏民族的历史很多近似的现象，受到华夏民族的深刻影响，因此发明了近似或采纳华夏民族的礼仪，这是我们能够利用华夏古礼比附北魏礼仪的理论基础。与狩猎活动可能代表大蒐礼相似，飨宴壁画表现的可能是古代的会饮之礼。这一古礼与狩猎活动代表的大蒐礼几乎同时消失，是北魏社会发生剧烈变化的深刻表现。北魏历史正是在这个意义上跨越汉晋，而标志中国社会进入新的历史阶段的。阎步克等学者认为北朝是中国历史的出口对理解北魏历史的特殊意义很有帮助。

④ 《魏书》卷五《高宗纪》，页123。

拓跋鲜卑统治者在结束了北方的统一战争之后致力于巩固统治，以期实现长治久安的政治局面。”[①]与文成帝相关的最重要的文化活动当数兴复佛法和云冈石窟的开凿。《魏书》卷五《高宗纪》文成帝记在即位的当年（452年）“初复佛法”，[②]《魏书》卷一一四《释老志》载：“诏有司为石像，令如帝身。既成，颜上足下，各有黑石，冥同帝体上下黑子。”[③]又载：“和平初（460年）……昙曜白帝，于京城西武州塞，凿山石壁，开窟五所，镌建佛像各一。高者七十尺，次六十尺，雕饰奇伟，冠于一世。”[④]据宿白先生的研究，云冈石窟第16窟主尊佛像就是以文成帝为原型塑造的。这些记载表明文成帝不仅要做一国君主，还要充当一国的教主，终文成帝在位的13年间，这个思想始终主导着他。文成帝曾发布过两道有关丧葬的诏书，其一在太安四年（458年），“冬十月甲戌，北巡。至阴山，有故冢毁废，诏曰：‘昔姬文葬枯骨，天下归仁。自今有穿毁坟垄者斩之。’”[⑤]其一在和平四年（463年）十二月诏曰：“名位不同，礼亦异数，所以殊等级，示轨仪。今丧葬嫁娶，大礼未备，贵势豪富，越度奢靡，非所谓式昭典宪者也。有司可为之条格，使贵贱有章，上下咸序，著之于令。”[⑥]我们不能将尉迟定州、大同田村等5世纪中期墓葬中出现的方形穹隆墓室、石椁、石棺床、陶俑、狩猎壁画等新现象与文成帝对文化的重视直接联系起来，但这些内容确实丰富了墓葬文化的内涵，使墓葬的象征性和纪念意义都大大加强，提高了这个时期墓葬文化的文明程度，使大同沙岭七号墓所代表的早一阶段墓葬相形见绌。当然，文成帝的两道诏书表明其在位前后的丧葬情况相当混乱，墓葬制度的建设还刚刚起步，但国家对丧葬活动将越来越加重视，因此，这两道诏书可以作为宋绍祖、司马金龙等墓葬显现出一定的等级特征的嚆矢。

文明太后控制北魏朝政的献文帝和孝文帝前期，北魏政治和社会发生了较大的变化，具体表现在以下几个方面：一，尊崇华夏民族的先贤大圣，并改进祭祀仪式。《魏书》卷七上《高祖纪上》载：“延兴元年（471年）……诏访舜后，获东莱郡民妫苟之，复其家毕世，以彰盛德之不朽。”[⑦]延兴二年（472年）诏曰：“尼父禀达圣之姿，体生知之量，穷理尽性，道光四海。顷者淮徐未宾，庙隔非所，致令祠典寝顿，礼章殄灭，遂使女巫妖觋，淫进非礼，杀生鼓舞，倡优媟狎，岂所以尊明神敬圣道者也。自今已后，有祭孔子庙，制用酒脯而已，不听妇女合杂，以祈非望之福。犯者以违制论。其公家有事，自如常礼。牺牲粢盛，务尽丰洁。临事致敬，令肃如也。牧司之官，明纠不法，使禁令必行。”[⑧]二，礼敬佛法，但加强对僧人的管理。文明太后是中国古代史上著名的佛教信奉者，但是她“诏沙门不得去寺，浮游民间，行者仰以公文”。[⑨]三，严格各种规章制度，如“诏军警给玺印、传符，次给马印”。[⑩]四，重农抑工商。如“诏工商杂伎，尽听赴农。诸州

---

① 张金龙：《北魏政治史》（五），甘肃教育出版社，2008年，页4。

② 《魏书》卷五《高宗纪》，中华书局，1974年，页112。

③ 《魏书》卷一一四《释老志》，页3036。

④ 同上，页3037。

⑤ 《魏书》卷五《高宗纪》，页117。

⑥ 同上，页122。

⑦ 《魏书》卷七上《高祖纪上》，页136。

⑧ 同上，中页136。

⑨ 同上，页137。

⑩ 同上，页137。

郡课民益种菜果”。[①]延兴五年开始“禁杀牛马”。[②]五，敬老恤死，制定婚丧标准。如太和元年（477年），“冬十月癸丑，宴京邑耆老七十已上于太华殿，赐以衣服。”[③]太和二年（478年），诏曰：“乃者，民渐奢尚，婚葬越轨，致贫富相高，贵贱无别。又皇族贵戚及士民之家，不惟氏族，下与非类婚偶。先帝亲发明诏，为之科禁，而百姓习常，仍不肃改。朕今宪章旧典，祗案先制，著之律令，永为定准。犯者以违制论。”[④]六，进行法制改革，废除一些严酷的法律条文。北魏的法律本来是非常残酷的，文成帝时“又增律七十九章，门房之诛十有三，大辟三十五，刑六十二。”[⑤]文成帝末年接受源贺的建议废除了若干法律条文。献文帝即位后，北魏的法律的文明程度又有所提高。孝文帝延兴四年（474年）颁布的诏书尤有进步，“朕应历数开一之期，属千载光熙之运，虽仰严诲，犹惧德化不宽，至有门房之诛。然下民凶戾，不顾亲戚，一人为恶，殃及合门。朕为民父母，深所愍悼。自今已后，非谋反、大逆、干纪、外奔，罪止其身而已。今德被殊方，文轨将一，宥刑宽禁，不亦善乎？”[⑥]这道诏书显系孝文帝秉承文明太后之旨而发。

以上几个方面，除佛教之外，几乎都是汉族封建政权施政的基本国策。文明太后虽出生于汉人家庭，但其家族早已鲜卑化，而且她本人也没有很高的汉文化修养，她所以能够采取上述措施，既因为她具有卓越的治国识见，也因此能够顺应历史的潮流。大量人口被迁移到平城附近，六镇建立后又有大量士兵集聚在北魏边境，这些人口的存在刺激了农业在塞上的发展。[⑦]皇兴年间攻取南朝的徐豫青齐等七州地后，北魏政权亟需调整原有的统治政策，以便从这些富裕的农业地区攫取财富。文明太后清楚地认识到北魏政权所面临的新形势，她所采取的措施就是围绕保障北魏的经济发展和社会稳定而制定的，她的目的是建立起一个恩威并用的“德化”之政。文明太后的这些措施当时得到了很好的贯彻，这不仅因为北魏早已建立了比较完备的官僚体制，还与文明太后本人的性格有关。《魏书》卷十三《文成文明皇后冯氏传》：“太后多智略，猜忍，能行大事，生杀赏罚，决之俄顷，多有不关高祖者。是以威福兼作，震动内外。……后性严明，假有宠待，亦无所纵。”[⑧]孝文帝亲政后，国家大政如均田制、三长制、俸禄制的实行仍决于文明太后。文明太后实际控制北魏政权的时间为15年，她的治国理念、统治方略及其严明的性格，使北魏在封建化的道路上走向制度化，其中包括礼制方面的制度化，这可以文明太后生前即开始营造的方山永固陵为例，孝文帝在安葬好文明太后的诏书中说：“又山陵之节，亦有成命，内则方丈，外才掩坎，脱于孝子之心有所不尽者，室中可两丈，坟不得过三十余步。今以山陵万世所仰，复广为六十步。……其幽房大小，棺椁质约，不设明器。至于素帐、缦茵、瓷瓦之物，

---

① 同上，页137。

② 同上，页141。

③ 同上，页144。

④ 同上，页145。

⑤ 《魏书》卷一一一《刑罚志》，页2875。

⑥ 《魏书》卷七上《高祖纪上》，页140

⑦ 《魏书》卷八《世宗纪》载，宣武帝延昌元年（512年）四月“诏河北民就谷燕、恒二州。辛未，诏饥民就谷六镇。”（页212）平城及六镇一带有余粮以接济饥民，说明农业在这些地区获得相当大的发展。此事年代虽晚，但可作参考。

⑧ 《魏书》卷十三《文成文明皇后冯氏传》，页329。

亦皆不置。此则遵先志，从册令，俱奉遗事。”[①] 诏书中提到“成命”“册令”，可知北魏有墓葬形制、大小、随葬品方面的具体规定。揆诸宋绍祖、司马金龙等人墓葬，也当有所依据，才能表现出许多相似性来。

由上分析可见，5世纪中期北魏进入文治为主调的时代后，历代最高统治者对包括丧葬文化在内的文化国策的态度直接间接地影响着平城地区北魏墓葬，特别是高等级墓葬的面貌。北魏当时的国家管理水平决定了这种来自于北魏最高统治阶层的约束力只能是方向性的，它不会对方形墓室、石椁、石棺床、陶俑、模型明器的出现，对墓主夫妇牛车鞍马图布局的逐步稳定，对宴饮图、狩猎图的消失做出硬性规定，只能主导其发展方向，并对现实状况加以引导和利用。也就是说，这些具体的新旧因素的出现和消亡，仍主要是5世纪中后期平城地区北魏墓葬随历史条件的变化而演化的结果。那么，我们就有必要探索这些兴亡变幻背后的动因，这也就不能不对北魏所拥有的文化资源和文化建设的基本方向进行讨论。

不能不承认，拓跋鲜卑的固有文化是相当落后的。《魏书》卷三十五《崔浩传》中崔浩对明元帝说“太祖用漠北醇朴之人，南入中地，变易风俗，化洽四海”。[②] 这种表面的赞美之下，隐藏着时人对北魏早期文化落后状况的客观评价。从大兴安岭北端，沿大兴安岭西侧，至阴山南侧发现的鲜卑墓葬的具体族属仍可讨论，但文化上表现的一致性是公认的，梯形墓室与木棺、殉牲、简单的研光陶器，与大同南郊北魏墓地中的早期墓葬自然衔接，确乎反映了北魏早期粗浅僻陋的文化状况。拓跋鲜卑传统丧葬礼仪上的“歌谣、鼓舞、杀牲、烧葬”从汉人角度来看更是荒唐可笑。崔浩赞美北魏“变易风俗，化洽四海”，从5世纪中后期墓葬出现的新因素看，与拓跋鲜卑的固有文化没有多少关系，因此，实际情况是正好相反，是北魏自身的风俗被改变。

拓跋鲜卑长期游牧于阴山南北，周围基本都是与其气类相同的草原民族，所以其风俗习惯长期维持，但拓跋鲜卑建立代魏政权后，转变了立国思路，开始积极进取中原，这就要面对一个与自身截然有别，但历史极为悠久、文化源远流长、政治制度完备发达的农业文明，它就面临了“军事上征服对方，但文化上被对方征服”的危险。可供北魏政权加以选择利用的文化资源种类并不多。拓跋鲜卑通过草原丝路，通过与今新疆境内的地方政权建立贡赐关系，早已接触到西域文化，但都是零星的、物质层面的接受和了解，不可能影响到丧葬文化层面。佛教对北魏的影响是巨大的，从云冈石窟来看，来自于关中、凉州已经中国化的佛教因素外，来自西域、甚至直接从印度输入的可能性也存在着，而且对北魏的现实生活有直接影响，如石棺床之类高寝具的流行就应与佛教有关。但是，佛教对待丧葬的基本态度与拓跋鲜卑也是截然不同的，这决定了北魏大兴佛教的同时，拒绝采纳佛教的葬法。这样，北魏在丧葬文化上可资借鉴的可以说只剩下华夏文化一途了。

北魏建国伊始，就以华夏文化作为主要的学习榜样。5世纪中期之前的太祖道武帝、太宗明元帝、世祖太武帝三朝中，“太宗因循，未遑改作”，[③] 世祖时期“九年之间，戎车十举”，[④] 真正进行制度建设的是太祖道武帝拓跋珪时期。《魏书》卷二《太祖纪》载：“帝初拓中原，留心慰纳，诸士大夫诣军门者，无少长，

① 《魏书》卷十三《文成文明皇后冯氏传》，页330。

② 《魏书》卷三十五《崔浩传》，页811。

③ 《魏书》卷四上《世祖纪上》，页76。

④ 同上，页80。

皆引入赐见，存问周悉，人得自尽，苟有微能，咸蒙叙用。”[①] 拓跋珪从实用主义角度出发，对中原士大夫优礼有余。天兴元年（398 年）迁都平城后，“诏尚书吏部郎中邓渊典官制，立爵品，定律吕，协音乐；仪曹郎中董谧撰郊庙、社稷、朝觐、宴飨之仪；三公郎中王德定律令，申科禁；太史令晁崇造浑仪，考天象；吏部尚书崔玄伯总而裁之。”[②] 天兴二年（399 年）：“初令《五经》群书各置博士，增国子太学生员三千人。”[③] 天兴三年（400 年）：“始耕籍田。”[④] 天兴四年（401 年）：“命乐师入学习舞，释菜于先圣、先师。……帝亲渔，荐于寝庙。”[⑤] 天赐元年（404 年），“制爵四等，曰‘王、公、侯、子’，除伯、男之号；追录旧臣，加以封爵，各有差。”[⑥] 在《魏书》的列传中还能看一些道武帝时期采纳中原制度的例子，如谥法方面，《魏书》卷二十六《长孙肥传》：“天赐五年（408 年）卒，谥曰武，陪葬金陵。”[⑦]《魏书》卷二十七《穆崇传》：“天赐三年（406 年）薨，……及有司奏谥，太祖亲览谥法，……乃谥曰丁公。”[⑧] 九品中正制方面，《魏书》卷三十三《李先传》：“（太祖时）转七兵郎，迁博士、定州大中正。”[⑨] 但正如《魏书》卷四上《世祖纪上》所言“太祖拨乱，制度草创”，[⑩] 所以难怪《魏书》卷一百八之一《礼志一》说道武帝时“至于经国轨仪，互举其大，但事多粗略，且兼阙遗”，[⑪] 尽管如此，我们还是能看到道武帝时从礼仪、官制、爵位、法令、天文、音乐各个方面都进行了制度建设，确有几分建国经邦的气象。丧葬文化是华夏文化中核心部分，贯穿着中国古代基本的人伦关系和仪轨范畴，与其他文化因素构成一个有机的整体，道武帝已经开启了真正接受华夏文化的管钥，也就不得不连带接受华夏传统的丧葬文化。可以说，道武帝时期鲜卑丧葬改革和文化建设的基本方向已经确定了。

华夏化作为拓跋鲜卑丧葬文化的发展方向既是其拥有的文化资源所限定的，更主要的是拓跋鲜卑丧葬文化的基本精神与华夏民族相通。拓跋鲜卑丧葬文化的一些情况在文成帝时高允的上书中有涉及，《魏书》卷四十八《高允传》载：“允以高宗纂承平之业，而风俗仍旧，婚娶丧葬，不依古式，允乃谏曰：‘前朝之世，屡发明诏，禁诸婚娶不得作乐，及葬送之日歌谣、鼓舞、杀牲、烧葬，一切禁断。虽条旨久颁，而俗不革变。将由居上者未能悛改，为下者习以成俗，教化陵迟，一至于斯。……今国家营葬，费损巨亿，一旦焚之，以为灰烬。……今陛下当百王之末，踵晋乱之弊，而不矫然釐改，以厉颓俗，臣恐天下苍生，永不闻见礼教矣。’”[⑫] 学术界还普遍认为鲜卑葬俗与乌桓相似，《三国志·魏书》卷三〇《乌丸传》对乌桓葬俗有比较详细的记载：“敛

---

① 《魏书》卷二《太祖纪》，中华书局，1974 年，页 27 ～ 28。

② 同上，页 33。

③ 同上，页 35。

④ 同上，页 36。

⑤ 同上，页 38。

⑥ 同上，页 41 ～ 42。

⑦ 《魏书》卷二十六《长孙肥传》，页 652。

⑧ 《魏书》卷二十七《穆崇传》，页 662。

⑨ 《魏书》卷三十三《李先传》，页 789。

⑩ 《魏书》卷四上《世祖纪上》，页 76。

⑪ 《魏书》卷一百八之一《礼志一》，页 2733。

⑫ 《魏书》卷四十八《高允传》，页 1073 ～ 1075。

尸有棺，始死则哭，葬则歌舞相送。肥养犬，以采绳婴牵，并取亡者所乘马、衣物、生时服饰，皆烧以送之。特属累犬，使护死者神灵归乎赤山。……至葬日，夜聚亲旧员坐，牵犬马历位，或歌哭者，掷肉与之，使二人口颂咒文，使死者魂神径至，历险阻，勿令横鬼遮护，达其赤山，然后杀犬马衣物烧之。”[①]朱大渭等先生认为：“鲜卑应该也有类似的习俗，其与乌丸的区别可能在于祈望死者神灵所归之地不同，鲜卑选择的也许就是其发源地鲜卑山。”[②]高允的上书和《三国志·魏书》关于乌桓葬俗的记载显示，乌桓和鲜卑的葬俗确实相当原始野蛮。《魏书》卷十三《文成文明皇后冯氏传》也载：“高宗崩，故事：国有大丧，三日之后，御服器物一以烧焚，百官及中宫皆号泣而临之。后悲叫自投火中，左右救之，良久乃苏。”[③]《魏书》中还有一些功臣贵族死后，皇帝将其妻妾赐死后合葬的记载。因此，拓跋鲜卑早期或许还存在着人殉的可能性，只是可能被烧死而不是埋葬。由上述记载也可知，鲜卑与华夏民族的基本丧葬观念是相通的：相信灵魂的存在、相信灵魂有最终的去处、相信死者如生人一样需要各种物品维持生活、相信地下有恶鬼、相信人鬼之间能够沟通，这些观念导致他们对死者采取基本相同的态度，那就是事死如事生。这是拓跋鲜卑后来能够接受华夏丧葬文化的思想基础。

拓跋鲜卑与华夏民族丧葬基本精神的相通为理解5世纪中后期的一些习以为常的墓葬现象提供了可能，这可以近方形墓室为例。尉迟定州墓等5世纪中后期的墓葬都是近方形，有学者认为是晋制对平城地区北魏墓葬有所影响的表现，这可能是一个似是而非的认识。推动北魏墓室采取近方形形制的是鲜卑实行了夫妇合葬制，夫妇合葬则是华夏民族的传统而非晋代特有的埋葬方式。夫妇两具棺木埋在同一墓室之中后，迫使窄条形的墓室变为近方形。考古材料恰好提供了完整的演化链条。大兴安岭一带的早期鲜卑墓和大同南郊北魏墓地从早到晚都有不少单人梯形墓葬，这是鲜卑旧俗。用小砖砌就的早期拓跋鲜卑墓葬沿袭了梯形的形状，如美岱村北魏墓[④]。但5世纪30年代的沙岭7号墓就很可能已是夫妇合葬墓了。这座墓葬中没有发现人骨，但墓室正壁（即后壁）为夫妇端坐图，发现这种图像且人骨又有留存的墓葬基本都可以断定为夫妇合葬墓，沙岭7号墓当亦如此。沙岭7号墓形制的特殊之处在于，墓葬建设在一个长方形的墓坑中，但墓室最长处比最宽处的前壁长56厘米，墓室前壁又比后壁要长20多厘米，因此这个墓室总体上是个近梯形的长方形。它当是出于夫妇合葬的需要，而将早先的两个鲜卑传统的梯形墓葬，比如说将两个美岱村墓合并在了一起。在一个长方形的墓坑中砌出近梯形的墓室不是那么方便，可能由于这个缘故，后来索性将墓室砌成了近方形，从而使墓室形状与所谓的晋制墓葬就很接近了，但就将梯形这个民族特点也忽略了。于此可见，在对鲜卑墓葬本身进行比较充分研究的基础上，再去讨论与晋制的关系才比较合适。在上文涉及到涂朱明器、陶俑、明器时我们已经有所阐述，在墓葬形制的情况再次提示我们不宜一见到鲜卑墓葬与晋制墓葬的相似之处，就归结为恢复晋制。当然，我们不否认鲜卑墓葬华夏化的过程中，不可能不受到当时历史条件的制约，从魏晋提倡薄葬以来，墓葬单室化是历史的潮流，华夏化的鲜卑墓葬不能超脱于这个潮流之外，这是沙岭7号墓、尉

① 〔晋〕陈寿撰，〔宋〕裴松之注：《三国志·魏书》卷三〇《乌丸传》，中华书局，1959年，页832～833。

② 朱大渭：《魏晋南北朝社会生活史》，中国社会科学出版社，2005年，页384。

③ 《魏书》卷十三《文成文明皇后传冯氏》，页328。

④ 内蒙古文物工作队：《内蒙古呼和浩特美岱村北魏墓》，《考古》1962年2期，页86～87。

迟定州墓等墓葬都为单室墓的原因所在，但同样不宜认为这是晋制的直接影响。

夫妇关系是最基本的人伦关系，拓跋鲜卑也不例外。但夫妇关系的存在不等于必然实行夫妇合葬。要实行夫妇合葬，就必须对夫妇关系从现实到死亡之后都持续存在予以理论说明并为人所接受之后才能实行。华夏民族普遍实行夫妇合葬是西汉晚期才开始的，儒家思想在汉武帝时期获得统治地位则是根本的动因。我们缺乏北魏前期思想史、社会史的材料，但从沙岭7号墓可反推出，5世纪30年代的一部分鲜卑上层人物的思想已经发生了很大的转变，已经部分华夏化，当时的北魏现实社会中的夫妇关系以及其他社会关系已经发生深刻变化。相比而言，方形墓葬形制只是个表象，只是北魏社会关系发生的变化在墓葬方面的表现。具体到夫妇合葬这个现象上，拓跋鲜卑虽然与华夏民族一样都有强烈的“事死如事生”思想，但将生时的夫妇关系延续到死后作为“事死如事生”的要义，显然是从华夏民族那里学到或领悟到的。

我们还可以看到，拓跋鲜卑不仅向华夏民族学习对“事死如事生”的理解，在某些方面对“事死如事生”的追求更加纯粹，石椁、石棺床、陶俑都可以归入这类情况。崖洞墓和砖室墓这类横穴式墓葬在中原地区流行后，虽然不少墓葬用砖砌或绘画方式表现梁拱，但只有少数墓葬高度模仿地面建筑，如徐州驮篮山西汉楚王陵在山石中雕出两面坡、覆斗形等屋顶，① 满城西汉中山王刘胜墓在前室中用砖瓦砌出实体建筑，② 但绝大多数墓葬只对墓室之于居室的关系加以象征而已。像5世纪中后期平城地区北魏墓葬中大规模出现房屋形石椁和石棺床的情况是很不同于以往的，上文所举的田村墓、司马金龙墓将石棺床抬进墓室，尉迟定州墓、宋绍祖墓外在墓室中搭建石椁之外，大同七里村墓群M1、M37用木板围合成井字形也是对房屋的高度模仿。更有甚者的是，大同七里村墓群的若干墓葬中还出现了模仿火炕的棺床，这很容易诱使人将这种现象与北方民族某种特性联系起来。的确，我们发现内蒙古乌审旗大夏田熋墓为前后室墓，两室顶部都为人字坡形。③ 宁夏彭阳新集十六国时期的M1墓坑之上封土之下的前部和后部都有土筑房屋模型。④ 这两例墓葬在同时期很罕见，两墓的主人都不是汉人而应是草原人物。他们当是十六国时期北方民族中在“事死如事生”的丧葬活动走在时代前列的人，他们在当时是少数，5世纪中后期的平城则成为一种潮流。按照华夏民族的标准，这种行为其实是“过分”的，这与“杀牲、烧葬”一样，都是一种过于拘泥性的行为，是几乎忘记了死者毕竟不同于生人这样的客观事实，而华夏民族所特别注重的是仪式上的庄重而不是对墓葬构造、随葬物品的追求，这才是丧葬上的“文明”行为。一言以蔽之，拓跋鲜卑及其他北方民族与华夏民族之间在“事死如事生”上存在着明显的程度上的差别。但是，从长时段考察就会发现，华夏民族在以明器为随葬品之前也经过了很长的以实物甚至真人真畜殉葬的阶段，在这个意义上，将“杀牲、烧葬”视为北方民族的某种特性并不合适，其实质仍还是一个处于什么样的社会发展阶段的问题。5世纪中后期，拓跋鲜卑可以在原则上借鉴华夏民族丧葬文化，但一些具体的做法仍要基于其社会发展阶段而加以调整，甚至发展出华夏民族所没有的丧葬内容，这也正是

---

① 驮篮山汉墓的发掘资料未公布，墓葬形制的基本情况可参考邱永生、徐旭：《徐州市驮篮山汉墓》，《中国考古学年鉴》，文物出版社，1992年，页173～174。

② 中国社会科学院考古研究所、河北省文物管理处：《满城汉墓发掘报告》，文物出版社，1980年。

③ 内蒙古自治区文物考古研究所、鄂尔多斯博物馆、乌审旗文物管理所：《内蒙古乌审旗郭家梁大夏国田熋墓》，《文物》2011年3期，页36～43。

④ 宁夏固原博物馆：《彭阳新集北魏墓》，《文物》1988年9期，页26～42。

平城地区北魏墓葬的独特价值与魅力之所在。

之所以有些方面拓跋鲜卑在“事死如事生”比华夏民族走得更远，可能是所谓物极必反的缘故。鲜卑与华夏民族丧葬观的显著不同之处在于，一是歌舞送葬，一是烧杀以送，而华夏民族则送葬必尽哀，制作明器以象征生时之用。上文指出，道武帝时期已经颇具规模地仿建汉式制度，但道武帝、明元帝、太武帝三朝之中，仅太武帝统治晚年的太平真君九年（448 年）发布了一道与丧葬有关的诏书，“以婚姻奢靡，丧葬过度，诏有司更为科限。”[①]这道诏书的颁布可能与太武帝需要调动全社会资源进行战争有关，未必是当时的婚姻丧葬活动确实造成了过度浪费。太武帝时崔浩所修北魏国史“尽述国事，备而不典”，[②]并欲“齐整人伦、分明姓族”，[③]最终招来杀身之祸，可知北魏旧俗的力量仍十分强大。但这种情况在太武帝死后发生了很大变化，上文所引高允给文成帝的上书就是一个显例。观高允之语，鲜卑婚丧旧俗的落后性前人尽知但无所改变。不同于以往只强调丧葬过度带来的浪费，高允现在将婚娶丧葬上升到“教化”“礼教”的高度，将其与高宗为政的治乱联系在一起，确实能给高宗相当的压力。高允还是一位在北魏上层社会具有巨大影响的汉人士大夫，他针对拓跋鲜卑野蛮落后葬俗所进行的批判，肯定在北魏朝廷中激起反响。可能是由于这些缘故，5 世纪中后期的平城地区北魏墓葬文化出现一些新因素，在“事死如事生”的道路上比华夏民族更富于想象力和实践精神。

高允给高宗上书是一件非常重要的事情。他对鲜卑旧俗的批评事实上已就文化上的先进与落后立论，但已经为高宗和同时期的鲜卑贵族所接受了。高允所谓的“古式”只能是华夏传统的丧葬思想和仪轨，这就为北魏墓葬文化的继续发展制定了方向。作为崔浩之后又一代中原北方大族人物代表的高允，能够当高宗之面直接批判鲜卑旧俗，却没有象崔浩那样惹来杀身之祸，表明 5 世纪中期开始北魏政治上取得了重大进步，华夏传统文化将全面影响北魏的国家和社会，北魏政权也要对墓葬文化施加更直接的影响了。

陶俑便是北魏政权对墓葬文化施加更直接影响的例证。我们将陶俑与石椁、石棺床一起列为拓跋鲜卑在“事死如事生”上比华夏民族走得更远的标志性因素，但在石椁、石棺床的使用上要到隋唐时期才能看到国家的明确规定，陶俑显然走在历史的前列，值得我们特别的关注。华夏地区也曾经历过大量制造使用陶俑或者与陶俑性质相同的木俑的时代，但从东汉开始，在墓葬中随葬陶俑的风气开始衰退，魏晋十六国墓中一般都只有几件陶俑。5 世纪中期北魏墓葬中开始出现陶俑，后来种类越来越多，数量越来越大，使用范围越来越广，似乎是秦始皇陵、汉景帝阳陵等秦汉早期帝王陪葬俑的异代再现，将之视为对魏晋十六国时期随葬陶俑的直接继承是不能令人信服的。北魏陶俑群应是“杀生、烧葬”之俗被禁之后的替代品，是“事死如事生”思想的新表现形式。

从 5 世纪中期的田村墓那样只有侍从俑，发展到宋绍祖墓、司马金龙墓那样出现包括武士俑、仪仗俑在内的大型俑群，固然可以用东汉以来墓葬壁画流行出行图、卤簿图以表现墓主生前的显赫威势来加以解释，因而仍可以用“事死如事生”来概括，但武士俑、仪仗俑群渲染的喧嚣和开放气氛，与通常认为属私密埋骨

---

① 《魏书》卷四《世祖纪下》，页 102。

② 《魏书》卷三十五《崔浩传》，页 826。

③ 《魏书》卷四十七《卢玄传》，页 1045。

之所的墓葬并不协调。而且，如前文所述，陶俑群体现了身份与等级，我们可以清晰地感受到北魏政权开始利用俑群的规模、种类来对贵族墓葬加以干预了。对国家来说，官员的死亡和墓葬的营建越来越不是一件私事，皇权开始利用墓葬的营建强烈宣示自身的存在。对于死者而言，能否和拥有多大规模的俑群成为身份高低的直接标志，他们转而情愿接受甚至祈求来自国家的干预了。汉晋十六国时期，国家对墓葬同样加以干预，但像5世纪后期开始的这样通过随葬俑群进行具体干预的情况却不存在。这种情况表面上是一种文化现象，实际上可能是5世纪中后期北魏官僚贵族与国家正在构建的新型关系在墓葬文化上的曲折表现。

北魏官僚贵族与北魏国家的新型关系是一种政治关系，我们可以称之为“新封建制”。与秦汉之前实土实封和唐以后衣食租税的爵位不同，也与无爵位的官员一旦被免就与庶民无别不同，“新封建制”下北魏官僚贵族除了实际官职外，还从国家得到封爵和将军号，封爵之外，官职和将军号一定程度上还可以世袭。官职的世袭如穆崇之子，十岁拜太子洗马。穆亮子穆绍，“高祖以其贵臣世胄，顾念之，九岁除员外郎。”[①] 又如司马楚之及其二子司马金龙、宝龙相继任云中镇将。[②] 将军号的世袭如陆丽子陆叡，年十余岁，“袭爵抚军大将军、平原王。”[③] 李崇“文成元皇后第二兄诞之子。年十四，召拜主文中散，袭爵位陈留公、镇西大将军。”[④]《魏书》卷一一三《官氏志》云：“旧制，诸以勋赐官爵者子孙袭军号。（太和）十六年，改降五等，始革之，止袭爵而已。”[⑤] 爵位、军号乃至官职世袭，源于拓跋鲜卑部落首领世代领民领兵的传统，也是国人武装为国家磐石的名号表征，孝文帝的废止行为只能是表面的，拓跋鲜卑军功贵族的实际权益还是非常之大。因此，北魏官僚贵族成为北魏国家中特殊而稳定的社会集团，是维持北魏政权的存在和发展的中流砥柱。北魏墓葬中涉及等级制度方面的内容都是由这种政治关系制约的。作为一种新的制约因素，它与新旧丧葬礼制习俗共同决定了此后官僚贵族墓葬的基本面貌。自东晋十六国以来，为了满足虚荣，现实生活中官僚贵族无不喜欢用卤簿炫耀自己的地位，史籍中多有记载，不赘举。因为拥有将军号，所以在卤簿之中新增加了武士和仪仗。这就将东汉墓中单调的车马出行图抛在历史后面。北魏建立后，随着社会的长治久安，皇权与官僚贵族之间的政治关系日渐清晰稳定，二者之间的权力和义务也越来越明确，官僚贵族以效忠北魏政权换取官职、爵位和将军号，但这些官爵名号全部来自于皇权而非天命或神授，所以他们不得不在生前死后以得到国家的封赐为荣。北魏皇权虽然不能对官僚贵族任意予取予夺，但官爵名号皆由己出，所以倍加珍惜，并对官僚贵族的等级严加区分。由于封爵将军号乃至官职可以世袭，官僚贵族死后得到的陶俑卤簿就不仅是死者地位的象征，而且也标志死者后嗣的世袭权力得到了皇权的承认，所以皇权的控制力就此从现实世界延伸到死后世界之中，让墓主及其家族与皇权的关系在墓葬之中继续得到维持。可以想见，当朝廷甄官署特制的陶俑群在北魏君主的恩许下被送达死者之家时，并作为最能体现死者身份的物品被陈列在墓室中时，皇权与死者家族之间达成

① 《魏书》卷二十七《穆崇传》，页671。

② 《魏书》卷三十七《司马楚之传附司马金龙传》，页857。

③ 《魏书》卷四十《陆俟传》，页911。

④ 何德彰有较详细的论述，见氏著《魏晋南北朝史论集》，商务印书馆，2010年，页8。

⑤ 《魏书》卷一一三《官氏志》，中华书局，1974年，页2976。

了一种默契，无声地重申了两者之间的原有关系将延续下去。[1] 也正是在这个意义上，我们认为5世纪后期出现的大型陶俑群与其他随葬品都不一样，它具有明确的政治内涵，是“新封建制”的外化形式，体现着“新封建制”的时代特点。

官僚贵族是国家的统治阶层，他们与北魏国家的关系不能代表“新封建制”的全部，“新封建制”还有另一面，即农民与国家结成一种新型的政治关系，前文讨论宴饮图的消失时已有所涉及，这里还值得加以补充说明。北魏政权将大量人口集中到平城附近计口授田、劝课农桑后，已经暗示了宗主督护制的危机。均田制在中原北方地区的全面推行，事实上宣告了西汉中期以来日益发展的大地主大庄园经济在中原北方地区的行将就木。与作为经济制度的均田制配合推行的是作为政治制度的三长制，这个制度规定五家立一邻长、五邻立一里长、五里立一党长，三长负责管理人口、评估征收租赋、维持地方治安等事务，这是中国古代第一次在基层社会的末端建立有效的管理体系，从此农民在事实上首先是与政府而不是宗族构成关系。冯太后说：“立三长，则课有常准，赋有恒分，苞荫之户可出，侥倖之人可止。”[2] 均田制和三长制的推行，将从豪强大族手中夺取出来的农民集体变成了国家的农奴，他们的社会地位虽不如汉代自耕农，但他们的身份是合法的，并且有一块属于自己的土地，这一生产资料使世家大族从根本上失去了对农民的控制。宗族从此不再有义务，宗族头人也不一定再有能力为已经变成国家农奴的宗族成员提供保护，国家也不必再通过宗族实施对农民的教化了。中国乡村社会从此被完全纳入到国家管理体系中，新构建起来的乡里秩序在政治上具有充分的合法性和正面性，宗族组织退居为辅助力量，因此之故，以维护宗族乡里秩序为目的的乡饮酒礼之类文化上的柔性手段已无从谈起，在墓室壁画中不再得表现也为势所必然。

考古材料体现一定的历史现象，是历史发展变化的产物，也是我们透视古代历史的依据。北魏政权的建立，是继十六国探索建国道路纷纷失败之后的最终成功者。撇去各种历史的偶然性，北魏的成功在于其以北方草原民族身份入主中原后，与遗留在中原地区的世家大族联手联手建立了一种新型社会，这个社会的基本特点是在上以皇帝代表拓跋皇室、在下以贵族官僚制维持社会的正常运转。拓跋鲜卑和内入各族，虽然部落已解散，但宗族关系却未受到严重损坏。北魏政权对本民族的各个宗族不遗余力地加以保护，上至北魏皇帝的各个宗族在内部都能实行一定的“民主”制度，这从北魏皇帝的即位仪上就可以看出。这样的机制，保证了从个别宗族到整个拓跋鲜卑乃至北方民族共同体的齐心合力、荣辱与共，北魏极少宗室内乱、部族叛乱便是极好的说明。北魏及早就将中原士大夫的代表人物吸纳到政权之中，从他们那里汲取治国的思想和经验，并保证他们既有的权力和利益，所以，个别大族如崔浩外，大多数中原大族与北魏政权维持着共生共荣状态，成为北魏政权控制中原地区最有效的支持力量，并随着北魏贵族制度的逐步完善，也成为贵族成员，获得一定的世袭权力。北魏末年的大动乱中，许多汉人大族殚精竭虑、赴汤蹈火，而极少投奔南朝者，足见北魏在处理胡汉关系上实行几乎一视同仁的官僚贵族制是非常成功的。以皇帝为首的贵族官僚制赖以维系的基础是均田制，

---

① 北魏洛阳时代，洛阳以外的一些北魏墓葬中出现与洛阳北魏墓相似的陶俑；北齐时期，与邺城相似的俑群出现在很多地区如徐州、赞皇等地，表现出惊人的相似性，这都与皇权需要通过赐予陶俑群以显示权威，死者家庭需要通过接受陶俑群获得承认有关，而不是流通或仿制的产物，这个现象同样也可以理解为“新封建制”的外在表现形式。

② 《魏书》卷五十三《李冲传》，页1180。

这一田地制度结束了战国以来土地不禁兼并、农民最终不得不逃离土地的局面，使耕者实现了有其田的同时，也集体沦为国家的农奴。贵族官僚在均田制下丧失的部分土地和人口，通过职位封爵的世袭得到弥补。随着与均田制配套的三长制、俸禄制等制度的推行，农民与官僚贵族结成的关系不再是宗主与保护民的关系，而是官民关系。这样，皇权——官僚贵族——农民三者结成不同于以往的政治、经济关系，并从根本上对包括墓葬在内的文化现象产生影响。5 世纪中后期平城地区北魏墓葬材料虽不甚丰富，但其中诸种兴亡存灭的现象中，有些与皇权——官僚贵族——农民三者构成的新型关系距离较远，有些则显示出与三者新型关系的直接联系，其中宴饮图的消失和大型陶俑群的出现便是显著的例证。可以相信，5 世纪中后期平城地区北魏墓葬材料中还蕴含大量的反映北魏历史进程的信息值得我们去解读。

会议纪要

北朝文物考古与美术研究学术座谈会纪要

喻珊　黄阳兴 / 深圳博物馆

2017 年 6 月，深圳博物馆联合山西博物院、大同市博物馆及山西省考古研究所共同举办的“平城·晋阳——山西出土北朝文物精品展”在我馆隆重开幕，共展出北朝重要的鎏金银器、陶瓷器、墓葬石刻、响铜器、陶俑等文物共计 200 余件（组），既有艺术观赏性又具学术性，尤其是闻名世界的虞弘墓石椁首次整套南下展出，颇为难得。由于重量级文物的展出及展览的精彩策划，展览受到文博学界与观众的热烈欢迎，获得良好社会反响。

为进一步加强丝绸之路与中西文明交通、胡汉民族融合与中国文明历史进程的相关研究，深圳博物馆联合深圳市金石艺术博物馆于 2017 年 8 月 5 日至 6 日举办“北朝文物考古与美术研究学术座谈会及公益讲座”，座谈会邀请了国内重要的南北朝考古与美术研究方面的权威学者，包括来自中国社会科学院考古所、山西省北朝研究中心、北京大学考古文博学院、中央美术学院、中山大学以及深圳本地的著名文博学者，深圳非国有博物馆方面的著名社会人士等也一并出席座谈会。如活跃在海内外北朝考古与美术领域的张庆捷、李裕群、韦正、郑岩等多位知名教授都应邀来深参会。此次研讨会主要就“丝绸之路、民族融合与北朝考古”“北朝文物与美术史研究”等多方面话题展开探讨。

学术讲座现场

第一场的议题是“丝绸之路、民族融合与北朝考古”。主要围绕丝绸之路上的遗迹、遗物展开。在佛教遗存方面，中国社会科学院考古研究所的李裕群研究员做了题为《从平城到洛阳——古代交通路线上的北魏石窟》的发言，主要介绍了由平城到洛阳的古代交通路线上新发现的北魏石窟，如高平大佛山摩崖造像、沁县南泉北魏摩崖造像、忻州大沟湾石窟等重要地点，这些发现极大地丰富了山西中小型石窟的内涵，为探讨云冈模式南传的路线以及对山西中小型石窟造像的影响，提供了新的资料。

另外，入华粟特人墓葬及中西交流相关问题是热点之一，如山西省北朝研究中心主任张庆捷教授做了题

专家发言

为《丝绸之路与太原隋代虞弘墓》的报告，张教授分别介绍了平城和晋阳的丝路遗迹与遗物，最后重点介绍了太原隋代虞弘墓的考古发现情况及其图像相关细节，对研究虞弘墓与祆教艺术具有重要参考价值。中山大学人类学系姚崇新教授主讲了《北朝晚期至隋入华粟特人丧葬文化因素再考察》，主要回顾总结了近些年发现的入华粟特人墓葬，在全面考察其所包含的所有有关葬俗信息的基础上，对其祆教属性和本土化属性进行综合研究。中国社科院的赵超研究员做了题为《北朝石床与石屏风雕刻中的两点外来文化因素》的发言，主要提到的是深圳市金石艺术博物馆所藏的几件石棺床上线刻的隐囊形象，这种形象在《北齐校书图》、龙门石窟宾阳洞北魏维摩经变以及敦煌壁画中都有，隐囊的原型主要还是来自于欧洲古希腊罗马；另外还提到来通和壁画中的假发形象，这些都是来自西方的影响；此外还讨论了石床受佛教艺术的影响，比如司马金龙墓石棺床上的力士抬床形象。深圳望野博物馆馆长阎焰发表了《晋阳、长安到邺——北朝的胡商》，主要介绍了望野博物馆早年入藏的一套粟特语和汉语双语墓志铭，其形制和内容可与北周史君墓门楣墓志进行对比，相关资料已发表在 SOAS，题为《另一个粟特—汉双语墓志铭》，主角是一位在邺城的粟特商客。阎焰认为邺城在古代丝绸之路上占有非常重要的地位，邺城城市风貌在北朝时期非常发达。

针对此议题讨论的另一方面为壁画题材的来源，北京大学考古文博学院韦正教授重点报告《大同沙岭七号墓北魏壁画若干题材》，分析了四个题材，一是壁画中的镇墓武士和怪兽形象，认为壁画中的镇墓人物为文献中方相氏、镇墓兽为“有衣毛角”的十二兽；二是伏羲女娲、摩尼宝珠与升龙，并认为伏羲女娲可被借用为鲜卑族诞生的神话，而升龙图可能也是被重新“发掘出来”的经典题材；三是墓主人夫妇并坐、鞍马牛车、大树，墓主夫妇可能借助树的魔力，或者得到树神的帮助，或者将树作为登天之梯，借此开启升仙之旅；四是升天仆从与奇禽异兽，壁画中所表现的动物、人物介于天界、人间之间，华夏民族的早期天界观具有萨满教特点，这与鲜卑近似，这批壁画的题材来源不必从朝鲜半岛或河西寻找渊源。

第二场的议题为“北朝文物与美术史研究”。围绕此议题，中央美术学院的郑岩教授发表了《谈南北朝墓葬新发现的竹林七贤画像》，通过对南京西善桥宫山墓、南京石子冈 5 号墓、乌龟山 1 号墓、狮子冲 1 号墓、狮子冲 2 号墓中所出几套竹林七贤画像砖的拼贴复原，发现这几套画像砖都共用一套模具，有不少使用的还是时代久远的原砖。郑岩先生通过戴逵“善图圣贤，百工所范”的记载，根据“范”字所表现的范式，推测这套画像砖所依据的原模为大师出底稿，工匠“传模移写”，这种跨越时代的传承是如何实现的，是否已成为制度？都是值得再思考的。

北朝器物学方面深圳本土学者的研究尤其值得肯定，既有全面的整体视角，又有局部个案研究，相得益彰。深圳博物馆副馆长郭学雷研究馆员发表了《北朝陶瓷研究的新进展与几点思考》，首次对北朝陶瓷新发展问题进行了梳理，一是对北朝陶瓷创烧时间的重新认识及南朝青瓷输入北朝的问题，真正意义上北方青瓷的出现，目前仅能落实至北齐晚期；二是所谓北魏“白瓷”“黑瓷”的问题，巩义白河窑所出白瓷实为隋代，所谓“北朝黑瓷”实为低温铅釉陶制品；三是“铅釉瓷”或“瓷胎铅釉”产品的确认，坯胎为瓷胎，釉为铅釉。这种“铅釉瓷”的生产窑址目前在河北临淄曹村窑有发现；四是北朝瓷器装饰实则融合了南朝、佛教、粟特、祆教等因素，中西交融、胡汉融合的盛况空前；五是北齐三彩的成熟是唐代三彩的大发展前奏；最后郭学雷研究馆员提出，如同北朝在中华文明进程中有着特殊的、重要的作用一样，北朝陶瓷也在中国陶瓷发展史上占有特殊重要的位置。深圳市文物考古鉴定所所长任志录研究员的报告题为《虞弘墓石棺图像中的器物》，对虞弘墓石棺图像中的器物进行了细致的考证，从石棺图像辨析其所见的各类器物，包括花口杯、深腹圈足杯、单耳粗颈高足杯、角形杯、单耳细颈壶、深腹弧底钵、腰鼓、平底硬折壁盘等多种，反映了北朝器用的中西融合与多元文化特征。最后，深圳博物馆古代艺术研究部黄阳兴博士做了题为《谈库狄迴洛墓出土“胡人舞俑”》的报告，对库狄迴洛墓中所出持物舞蹈状胡人进行考证，援引 1957 年邓县出土南朝画像砖舞者图像及四川南朝造像供养人图像等相关资料，推测此为南北朝时期盛行的“胡公舞”形象，具有“逐疫”功能，并与墓中其他陶俑可能是组合，也反映了北朝中西文明融合的诸多文化艺术特征。

公益讲座现场

专家讲座

为进一步提升深圳博物馆的公共文化服务，8 月 6 日我馆邀请与会学者举办了四场公益讲座，同样也是精彩纷呈。这四场讲座分别是山西大学张庆捷教授《献给另一个世界的绘画——山西北朝唐五代墓葬壁画》，北京大学考古文博学院韦正教授《魏晋南北朝——中国文化的转型期》，中国社会科学院考古研究所李裕群研究员《辉煌的时代——北朝佛教造像艺术》，中央美术学院郑岩教授《从北朝葬具画像看“绘画的自觉”》。四场讲座从北朝隋唐壁画、魏晋南北朝文化的转型、北朝佛教艺术以及北朝绘画自觉等多方面阐释了北朝文化艺术的多元贡献和价值。此次公益讲座都充满了趣味性，同时具有很高的学术含量，既适合普通观众的兴趣，也有利于学术专业的探讨和发展，为深圳市民提供了高质量的文化服务。

此次座谈会及公益讲座对北朝文物考古与美术史研究相关学术问题进行深入交流，多学科与多元化的探讨推动了北朝文明的学术研究。此次会议是我馆近年来举办的小型、务实又跨学科的高质量学术性座谈会，同时也是响应国家博物馆发展政策需要，深圳国有博物馆首次联合非国有博物馆举办的重要学术活动。

主要参考文献

考古报告和简报

[1] 常一民、彭娟英：《太原地区发现的北齐墓葬》，载《山西省考古学会论文集（四）》，山西人民出版社，2006 年，页 238 ～ 250。

[2] 持志、刘俊喜：《北魏毛德祖妻张智朗石椁铭刻》，《中国书法》2014 年 4 期，页 120 ～ 123。

[3] 大同市博物馆：《大同市小站村花圪塔台北魏墓清理简报》，《文物》1983 年 8 期，页 1 ～ 4。

[4] 大同市博物馆：《山西大同南郊出土北魏鎏金铜器》，《考古》1983 年 11 期，页 997 ～ 999。

[5] 大同市博物馆：《山西大同石头村北魏墓出土的器物》，《中国国家博物馆馆刊》2019 年 11 期，页 6 ～ 22。

[6] 大同市考古研究所：《山西大同沙岭北魏壁画墓发掘简报》，《文物》2006 年 10 期，页 4 ～ 24。

[7] 大同市考古研究所：《山西大同七里村北魏墓群发掘简报》，《文物》2006 年 10 期，页 25 ～ 49。

[8] 大同市考古研究所：《山西大同沙岭新村北魏墓地发掘简报》，《文物》2014 年 4 期，页 4 ～ 15。

[9] 大同市考古研究所：《山西大同御东新区御昌佳园北魏墓 M113 发掘简报》，《考古与文物》2021 年 4 期，页 39 ～ 51。

[10] 大同市考古研究所编：《大同雁北师院北魏墓群》，文物出版社，2008 年。

[11] 代尊德：《太原北魏辛祥墓》，载《考古学集刊 1》，中国社会科学出版社，1981 年，页 197 ～ 202。

[12] 高寿田：《太原西郊出土唐青釉人物狮子扁壶》，《考古》1963 年 5 期，页 263。

[13] 郭勇：《山西太原西郊发现石刻造像简报》，《文物参考资料》1955 年 3 期，页 79 ～ 90。

[14] 山西大学历史文化学院、山西省考古研究所、大同市博物馆编著：《大同南郊北魏墓群》，科学出版社，2006 年。

[15] 山西省大同市博物馆、山西省文物工作委员会：《山西大同石家寨北魏司马金龙墓》，《文物》1972 年 3 期，页 20 ～ 33。

[16] 山西省考古研究所、大同市考古研究所、大同市博物馆、山西大学考古系：《大同操场城北魏建筑遗址发掘报告》，《考古学报》2005 年 4 期，页 485 ～ 513。

[17] 山西省考古研究所、太原市文物考古研究所：《太原北齐徐显秀墓发掘简报》，《文物》2003 年 10 期，页 4 ～ 40。

[18] 山西省考古研究所、太原市文物考古研究所、太原市晋源区文物旅游局编著:《太原隋虞弘墓》,文物出版社，2005 年。

[19] 山西省考古研究所、太原市文物考古研究所著：《北齐东安王娄睿墓》，文物出版社，2006 年。

[20] 山西省考古研究所、山西大学历史文化学院、太原市文物考古研究所、太原市晋源区文物旅游局：《山西太原开化墓群 2012 ～ 2013 年发掘简报》，《文物》2015 年 12 期，页 23 ～ 45。

[21] 山西省考古研究院：《山西侯马虒祁北魏墓 (M1007) 发掘简报》，《文物》2021 年 2 期，页 16 ～ 21。

[22] 山西省考古研究院：《山西侯马虒祁北魏墓发掘简报》，《文物季刊》2022 年 3 期，页 11 ～ 19。

[23] 太原市文物考古研究所：《太原北齐贺拔昌墓》，《文物》2003 年 3 期，页 11 ～ 25。

[24] 太原市文物考古研究所：《太原北齐库狄业墓》，《文物》2003 年 3 期，页 26 ～ 36。

[25] 太原市文物考古研究所：《太原北齐狄湛墓》，《文物》2003 年 3 期，页 37 ～ 42。

[26] 陶正刚：《山西祁县白圭北齐韩裔墓》，《文物》1975 年 4 期，页 64 ～ 73。

[27] 王克林：《北齐库狄迴洛墓》，《考古学报》1979 年 3 期，页 377 ～ 402。

[28] 温州市文物处：《浙江温州市郊发现南朝墓》，《考古》1989 年 3 期，页 282。

研究论著

[1] 代爱玲：《北魏〈辛祥墓志〉特点杂议》，《文物世界》2019 年 6 期，页 48 ～ 50。

[2] 范佳楠：《南北朝墓葬所见铜礼佛用具》，《故宫博物院院刊》2017 年 1 期，页 27 ～ 37。

[3] 郭建：《浅谈一件北魏菩萨立像的保护修复》，《文物世界》2016 年 6 期，页 76 ～ 78。

[4] 郭学雷，张小兰：《北朝纪年墓出土瓷器研究》，《文物世界》1997 年 1 期，页 87 ～ 96。

[5] 姜伯勤：《唐安菩墓所出三彩骆驼可见“盛于皮袋”的祆神——兼论六胡州突厥人之祆神崇拜》，载《唐研究》第七卷，北京大学出版社，2000 年。

[6] 刘辉、马昇、张光辉、裴静蓉：《北齐赵信墓志考略》，《文物》2015 年 12 期，页 84 ～ 87。

[7] 刘宁：《记北燕冯素弗墓出土的几件青铜器》，载《辽宁省博物馆馆刊》（第 3 辑），辽海出版社，2008 年，页 111 ～ 136。

[8] 刘未：《北朝墓葬出土瓷器的编年》，载《庆祝魏存成先生七十岁论文集》，科学出版社，2015 年，页 224 ～ 253。

[9] 刘毅、袁胜文：《北方早期青瓷初论》，《中原文物》1999 年 2 期，页 82 ～ 87。

[10] 罗新、叶炜：《新出魏晋南北朝墓志疏证》，中华书局，2005 年。

[11] 逯斌、王爱国：《山西北魏釉陶研究》，《文物世界》2016 年 1 期，页 14 ～ 19。

[12] 马雍：《北魏封和突墓及其出土的波斯银盘》，《文物》1983 年 8 期，页 8 ～ 12。

[13] 孙培良：《略谈大同市南郊出土的几件银器和铜器》，《文物》1977 年 9 期，页 68 ～ 76。

[14] 王天庥：《北魏辛祥家族三墓志》，《文物世界》1992 年 3 期，页 80 ～ 86。

[15] 王雁卿：《北魏司马金龙墓出土的釉陶毡帐模型》，《中国国家博物馆馆刊》2012 年 4 期，页 56 ～ 62。

[16] 韦正：《大同南郊北魏墓群研究》，《考古》2011 年 6 期，页 73 ～ 88。

[17] 吴小平：《铜鐎斗的器形演变及用途考》，《考古》2008 年 3 期，页 62 ～ 72。

[18] 杨泓：《从穹庐到殿堂——漫谈云冈石窟洞窟形制变迁和有关问题》，《文物》2021 年第 8 期，页 62 ～ 80。

[19] 张雁红：《金银瑰宝华光溢彩——大同地区出土的北魏金银器》，《文物天地》2019 年 7 期，页 36 ～ 41。

[20] 夏鼐：《北魏封和突墓出土萨珊银盘考》，《文物》1983 年 8 期，页 5 ～ 7。

[21] 谢明良：《魏晋十六国北朝墓出土陶瓷试探》，载《六朝陶瓷论集》，三联书店，2019 年，页 260 ～ 302。

[22] 张庆捷，刘俊喜：《北魏宋绍祖墓两处铭记析》，《文物》2001 年 7 期，页 58 ～ 61。

[23] 张勇盛：《北朝纪年墓出土瓷器分期初探》，《华夏考古》2017 年 2 期，页 110 ～ 120。

[24] 中国硅酸盐学会编：《中国陶瓷史》，文物出版社，1982 年。

图版目录 | INDEX

01 莲花纹铺地砖
北魏
大同市博物馆藏

02 挡沟
北魏
大同市博物馆藏

03 陶毡帐
北魏
大同市博物馆藏

04 双耳铜鍑
北魏
大同市博物馆藏

05 铁马镫
北魏 太和八年（484 年）
大同市博物馆藏

06 鎏金铜带銙
北魏
大同市博物馆藏

07 双凤纹鎏金铜饰
北魏
大同市博物馆藏

08 龙头铜杆首（共 4 件）
北魏
大同市博物馆藏

09 灰陶平沿长颈壶
北魏
大同市博物馆藏

10 灰陶平沿罐
北魏
大同市博物馆藏

11 酱釉平沿长颈壶
北魏
大同市博物馆藏

12 黑釉盘口罐
北魏
大同市博物馆藏

13 酱釉带盖陶尊
北魏
大同市博物馆藏

14 青釉平沿罐
北魏
山西博物院藏

15 青瓷唾壶
北魏 太和八年（484 年）
大同市博物馆藏

16 青瓷碗
北魏
大同市博物馆藏

17 青瓷六系罐
北魏 和平元年（460 年）
大同市博物馆藏

18 毛德祖妻张智朗石椁
北魏 和平元年（460 年）

19 张智朗墓葡萄纹石棺床
北魏 和平元年（460 年）
大同市博物馆藏

20 忍冬纹石雕棺床
北魏
大同市博物馆藏

21 宋绍祖墓房形石椁
北魏 太和元年（477 年）
大同市博物馆藏

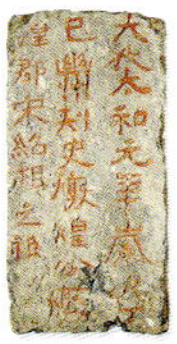
22 宋绍祖墓铭砖
北魏 太和元年（477 年）
山西博物院藏

23 彩绘陶马
北魏 太和元年（477 年）
大同市博物馆藏

24 骑马奏乐俑（2 件）
北魏 太和元年（477 年）
山西博物院藏

25 彩绘陶镇墓兽
北魏
大同市博物馆藏

26 彩绘陶舞女俑
北魏
大同市博物馆藏

27 司马金龙石棺床
北魏　太和八年（484 年）
大同市博物馆藏

28 石雕柱础（之一）
北魏　太和八年（484 年）
山西博物院藏

29 石雕柱础（之二）
北魏　太和八年（484 年）
大同市博物馆藏

30 石雕柱础（之三）
北魏　太和八年（484 年）
大同市博物馆藏

31 漆屏风画
北魏　太和八年（484 年）

32 褐釉彩绘人面镇墓兽
北魏　太和八年（484 年）
大同市博物馆藏

33 釉陶风帽仪卫俑
北魏　太和八年（484 年）
大同市博物馆藏

34 釉陶武士俑（4 件）
北魏　太和八年（484 年）
大同市博物馆藏

35 釉陶甲骑具装俑（2 件）
北魏　太和八年（484 年）
大同市博物馆藏

36 釉陶鸡冠帽骑马俑（2 件）
北魏　太和八年（484 年）
大同市博物馆藏

37 陶伎乐胡人俑(一组 7 件）
北魏
大同市博物馆藏

38 陶伎乐女俑（一组 5 件）
北魏
大同市博物馆藏

39 陶女舞俑（2 件）
北魏
大同市博物馆藏

40 釉陶执盆俑
北魏
大同市博物馆藏

41 釉陶仓
北魏
大同市博物馆藏

42 陶井
北魏
大同市博物馆藏

43 陶灶
北魏
大同市博物馆藏

44 陶碓
北魏
大同市博物馆藏

45 陶磨
北魏
大同市博物馆藏

46 彩绘石雕镇墓兽（一组 2 件）
北魏
大同市博物馆藏

47 石雕瑞兽灯
北魏
大同市博物馆藏

48 莲花龙纹石灯
北魏
大同市博物馆藏

49 辛祥墓志
北魏　神龟三年（520 年）
山西博物院藏

50 辛祥夫人墓志
北魏　永平三年（510 年）
山西博物院藏

51 青瓷托盏
北魏　神龟三年（520 年）
山西博物院藏

52 青釉陶盏
北齐　武平元年（570 年）
山西博物院藏

53 莲瓣纹青釉陶托杯
北齐　武平元年（570 年）
山西博物院藏

54 青釉盘
北齐　武平元年（570 年）
山西博物院藏

55 青釉胡人戏狮扁壶
北齐
山西博物院藏

56 黄绿釉龙柄鸡首壶
北齐 天统三年（567 年）
山西博物院藏

57 青釉龙柄鸡首壶
北齐 武平元年（570 年）
山西博物院藏

58 黄绿釉龙柄鸡首壶
北齐 武平二年（571 年）
山西博物院藏

59 黄釉莲花尊
北齐 河清元年（562 年）
山西博物院藏

60 黄釉陶盒
北齐 河清元年（562 年）
山西博物院藏

61 黄绿釉陶灯
北齐 天统三年（567 年）
山西博物院藏

62 黄绿釉陶灯
北齐 武平元年（570 年）
山西博物院藏

63 彩绘胡人老叟舞俑
北齐 河清元年（562 年）
山西博物院藏

64 彩绘武士俑
北齐 河清三年（564 年）
山西博物院藏

65 彩绘武士俑
北齐 河清三年（564 年）
山西博物院藏

66 彩绘武士俑
北齐 河清三年（564 年）
山西博物院藏

67 彩绘武士俑
北齐 天统三年（567 年）
山西博物院藏

68 彩绘甲骑具装俑（2 件）
北齐 天统三年（567 年）
山西博物院藏

69 彩绘女官俑
北齐 天统三年（567 年）
山西博物院藏

70 贴金彩绘镇墓武士俑
北齐 武平元年（570 年）
山西博物院藏

71 彩绘甲衣武士俑
北齐 武平元年（570 年）
山西博物院藏

72 彩绘甲骑具装俑
北齐 武平元年（570 年）
山西博物院藏

73 彩绘骑马击鼓俑
北齐 武平元年（570 年）
山西博物院藏

74 彩绘骑马吹奏俑
北齐 武平元年（570 年）
山西博物院藏

75 右手扛旗羽葆俑
北齐 武平元年（570 年）
山西博物院藏

76 彩绘骑马文吏俑
北齐 武平元年（570 年）
山西博物院藏

77 彩绘侍女俑
北齐 武平元年（570 年）
山西博物院藏

78 彩绘骑马击鼓俑
北齐 武平二年（571 年）
山西博物院藏

79 陶卧羊
北齐 武平元年（570 年）
山西博物院藏

80 陶卧狗
北齐 武平元年（570 年）
山西博物院藏

81 陶鸡
北齐 武平元年（570 年）
山西博物院藏

82 陶猪
北齐 武平元年（570 年）
山西博物院藏

83 莲花纹瓦当
北齐 武平元年（570 年）
山西博物院藏

84 彩绘画像砖
北齐
山西博物院藏

85 铜镀
北齐 天统三年（567 年）
山西博物院藏

86 铜熨斗

北齐　河清元年（562 年）

山西博物院藏

87 鎏金铜盒

北齐　河清元年（562 年）

山西博物院藏

88 鎏金长颈铜瓶

北齐　河清元年（562 年）

山西博物院藏

89 鎏金铜盆

北齐　河清元年（562 年）

山西博物院藏

90 鎏金铜莲花烛台

北齐　河清元年（562 年）

山西博物院藏

91 赵照佥造佛坐像

北魏　永熙三年（534 年）

山西博物院藏

92 菩萨立像

北魏

山西博物院藏

93 四面造像塔

东魏

山西博物院藏

94 菩萨立像

北齐

山西博物院藏

95 菩萨头像

北齐

山西博物院藏

96 观音菩萨五尊像

北齐

山西博物院藏

97 背光菩萨头像

北魏

山西博物院藏

98 萨珊波斯帝王狩猎纹银盘

3～5 世纪

山西博物院藏

99 人物动物纹鎏金高足银杯

5～6 世纪

山西博物院藏

100 八曲银长杯

5～6 世纪

山西博物院藏

101 银耳杯

北魏　景明二年（501 年）

大同市博物馆藏

102 银耳杯

北魏

大同市博物馆藏

103 彩绘陶卧驼

北齐　武平元年（570 年）

山西博物院藏

104 胡人骑驼俑

北齐

山西博物院藏

105 鼓吹骑俑

北齐　天保四年（553 年）

山西博物院藏

106 虞弘墓石椁

隋　开皇十二年（592 年）

山西博物院藏

107 青釉鸡首壶

北魏

山西省考古研究院藏

108 青釉瓷碗

北魏

山西省考古研究院藏

109 青釉盘口壶

北魏

山西省考古研究院藏

110 裴经墓铭砖（一组 2 件）

北魏　熙平元年（516 年）

山西省考古研究院藏

111 青釉唾盂

北魏　熙平元年（516 年）

山西省考古研究院藏

112 青釉瓷碗（一组 5 件）

北魏　熙平元年（516 年）

山西省考古研究院藏

113 绿釉陶壶

北魏　熙平元年（516 年）

山西省考古研究院藏

114 陶灯盏

北魏　熙平元年（516 年）

山西省考古研究院藏

115 铜碗

北魏　熙平元年（516 年）

山西省考古研究院藏

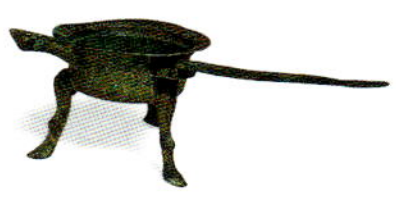

116 铜鐎斗

北魏　熙平元年（516 年）

山西省考古研究院藏

117 铜鐎斗

北魏

山西省考古研究院藏

118 彩绘人面镇墓兽

北齐　河清三年（564 年）

山西省考古研究院藏

119 彩绘镇墓武士俑（一组 2 件）

北齐　河清三年（564 年）

山西省考古研究院藏

120 单手执物三棱风帽俑（一组 12 件）

北齐　河清三年（564 年）

山西省考古研究院藏

121 击鼓俑（一组 4 件）

北齐　河清三年（564 年）

山西省考古研究院藏

122 双手执物三棱风帽俑（一组 2 件）

北齐　河清三年（564 年）

山西省考古研究院藏

123 双手执物圆顶风帽俑（一组 4 件）

北齐　河清三年（564 年）

山西省考古研究院藏

124 双棱风帽背盾俑（一组 4 件）

北齐　河清三年（564 年）

山西省考古研究院藏

125 腰间执物披袍武士俑（一组 5 件）

北齐　河清三年（564 年）

山西省考古研究院藏

126 圆顶兜鍪背盾武士俑（一组 4 件）

北齐　河清三年（564 年）

山西省考古研究院藏

127 侍女俑（一组 4 件）

北齐　河清三年（564 年）

山西省考古研究院藏

128 陶牛车

北齐　河清三年（564 年）

山西省考古研究院藏

129 陶骆驼

北齐　河清三年（564 年）

山西省考古研究院藏

130 陶猪（一组 8 件）

北齐　河清三年（564 年）

山西省考古研究院藏

131 陶狗（一组 2 件）

北齐　河清三年（564 年）

山西省考古研究院藏

132 陶灶

北齐　河清三年

山西省考古研究院藏

133 陶仓（一组 2 件）

北齐　河清三年（564 年）

山西省考古研究院藏

134 陶厕

北齐　河清三年（564 年）

山西省考古研究院藏

135 陶碓

北齐　河清三年（564 年）

山西省考古研究院藏

136 陶碗（一组 6 件）

北齐　河清三年（564 年）

山西省考古研究院藏

后记

南北朝时期是中国古代中西文明交流与民族融合最兴盛的时期，中国政治与文化发展面临重大变局，这一时期的历史遗物和遗存也有充分的反映。山西在北朝政治与文化发展中极为重要，其地处黄河流域，是古代游牧民族与农耕民族交流融合的核心地区。南北朝时期，山西有两个重要城市站在了历史的舞台中央，一个是北朝前期的平城（今大同市），曾作为北魏都城近百年，一度是中国北方的政治文化中心和丝绸之路东段最著名的国际大都市，商旅汇聚，贡使络绎。另一个是北朝后期的晋阳城（今太原市），既是雄踞北方的战略要地、并州州治所在，更是东魏、北齐时期的“霸府”“别都”，实际上是当时高氏政权的政治、军事中心。因此，北朝在山西留下诸多文化遗址和遗迹，为揭示中西文化交流和中华民族融合提供了最真实可靠的实物资料。

深圳博物馆长期致力于展示中华文明发展的多元化历史与多民族融合进程，“平城·晋阳——山西出土北朝文物精品”便是这一主题的重磅展览。该展览得到了山西文博同仁的鼎力支持，类似司马金龙墓石柱础、华塔寺造像、虞弘墓石椁椁等国宝级文物赴深展出，可谓重磅，我馆深表谢忱。同时，为进一步扩大展览的传播和影响，深入探讨北朝文化在中华文明发展进程中的意义，我馆还举办了北朝考古与美术学术研讨会及专家讲座等配套活动，邀请到张庆捷、韦正、李裕群、郑岩等专家为展览开设了公益讲座，四场讲座从北朝隋唐壁画、魏晋南北朝文化的转型、北朝佛教艺术以及北朝绘画自觉等多方面阐释了北朝文化艺术的多元贡献和价值。

本次展览由郭学雷副馆长担任学术总策划，黄阳兴博士协助学术策划，尤其是重新审定了图录文物说明。北京大学韦正教授围绕北朝专题撰文赐稿，大大提升了图录的学术价值。图录内容编写主要由我馆古代艺术研究部喻珊、黄阳兴、乔文杰合作完成，具体分工如下：喻珊负责第一单元“平城风华”和第二单元“霸府晋阳”，黄阳兴负责第三章“北朝佛韵”，乔文杰负责第四章“丝路胡风”和第五章“胡汉之间”。刘绎一博士负责重新厘定图录编排和审读说明、校订全稿。

一直以来，深圳博物馆致力于展示中华优秀传统文化发展的重要成果和艺术魅力，图录编辑更追求高质量学术标准，期望为研究者提供专业、全面且可靠的内容。

2023 年 5 月